基于多阶数据张量的城市车辆出行需求预测及路径选择推荐方法研究

邢 雪　李晓玉　翟娅奇　著

吉林大学出版社

·长春·

图书在版编目（CIP）数据

基于多阶数据张量的城市车辆出行需求预测及路径选择推荐方法研究 / 邢雪，李晓玉，翟娅奇著. —长春：吉林大学出版社，2023.10
ISBN 978-7-5768-2574-9

Ⅰ.①基… Ⅱ.①邢… ②李… ③翟… Ⅲ.①城市交通运输－运输需求－市场预测－研究 Ⅳ.①U491

中国国家版本馆 CIP 数据核字（2023）第 222271 号

书　　名：基于多阶数据张量的城市车辆出行需求预测及路径选择推荐方法研究
JIYU DUOJIE SHUJU ZHANGLIANG DE CHENGSHI CHELIANG CHUXING XUQIU YUCE JI LUJING XUANZE TUIJIAN FANGFA YANJIU

作　　者：邢　雪　李晓玉　翟娅奇
策划编辑：黄国彬
责任编辑：甄志忠
责任校对：刘守秀
装帧设计：姜　文
出版发行：吉林大学出版社
社　　址：长春市人民大街 4059 号
邮政编码：130021
发行电话：0431－89580028/29/21
网　　址：http：// www.jlup.com.cn
电子邮箱：jldxcbs@sina.com
印　　刷：天津鑫恒彩印刷有限公司
开　　本：787mm×1092mm　　1/16
印　　张：11.5
字　　数：200 千字
版　　次：2024 年 3 月　第 1 版
印　　次：2024 年 3 月　第 1 次
书　　号：ISBN 978-7-5768-2574-9
定　　价：68.00 元

版权所有　　翻印必究

前　言

随着城市化进程的加快，城市交通拥堵问题日益严重，给人们的生活带来了诸多不便。为了解决这一问题，提高城市交通效率，降低能源消耗，减少环境污染，研究城市车辆出行需求提取和路径推荐方法具有重要的理论和实践意义。首先，城市车辆出行需求提取和路径推荐方法的研究有助于深入了解城市交通系统的运行规律。通过对城市车辆出行数据的收集、分析和处理，可以揭示道路交通状况、出行时间、出行方式等方面的信息，为城市规划、交通管理提供科学依据。此外，这些信息还可以为交通规划者、运营商等提供参考，以便他们制定更有效的交通政策和措施。其次，城市车辆出行需求提取和路径推荐方法的研究有助于提高城市交通系统的运行效率。通过对城市车辆出行需求进行预测和优化调整，可以有效地缓解交通拥堵现象，提高道路通行能力。同时，通过智能路径推荐算法，可以为驾驶员提供最佳的行驶路线，避免不必要的拥堵，减少行车时间，提高出行效率。此外，这些方法还可以为公共交通系统提供数据支持，优化公交线路布局和调度方案，提高公共交通的服务水平。再次，城市车辆出行需求提取和路径推荐方法的研究有助于降低城市交通系统的能耗和环境污染。通过对城市车辆出行需求进行精细化调控，可以有效减少机动车的行驶里程，从而降低能源消耗。同时，通过智能路径推荐算法，可以为驾驶员提供节能环保的行驶路线，减少尾气排放，降低空气污染。此外，这些方法还可以为新能源汽车的发展提供技术支持，推动绿色出行理念的普及和推广。最后，城市车辆出行需求提取和路径推荐方法的研究还具有广泛的社会经济效益。一方面，这些研究成果可以为政府、企业和居民提供更加便捷、高效的交通服务，提高居民生活质量。另一方面，这些成果还可以为企业创造商业价值，如提供实时路况信息、智能导航服务等。此外，这些成果还可以促进相关产业的发展，如交通运输、电子地图、大数据等，为经济增长和社会进步做出贡献。

主要研究内容如下：

1. 道路交通动态特征分析技术框架

本研究的核心是道路交通服务信息提取，根据交通数据的时空特征构建交通数据张量，提出基于网络结构和时序关系的交通数据张量描述。根据数据模型中提取的不同对象（包括数据元素、纤维、切片和张量，分别对应交通数据零阶张量、一阶张量、二阶张量和三阶张量）进行交通特征层面的技术分层，从而通过逐层扩维的方式分析交通实际问题。

2. 针对零阶数据张量的交通数据预处理方法

首先明确所研究相关问题的定义，对数据进行预处理，以便进行后续的分析。由原始数据的特征可知，原始数据中包含错误信息且不能直接被使用。因此首先对数据进行预处理，以提高数据的质量以及方便后续的使用。对数据预处理的方式包括对异常数据的识别以及坐标转换和归一化处理。为后续的区域点聚类以及以网约车为例分析车辆出行需求预测等奠定数据基础。为保证研究的严谨性，从网约车的接单状况下的行驶距离、行驶时间、行驶区域进行异常数据筛选，对异常数据设定筛选阈值，对数据进行异常值剔除。最后再经过数据的规范化处理来消除原始数据带来的实际位置偏移。数据的规范化处理主要包括坐标转换和数据归一化处理。

3. 针对一阶数据张量的交通时序数据特征分析方法

为实现交通时序数据的状态特征分析，利用 CLARA 算法对交通状态进行划分，并采用多参量矩阵叠加的方式获取交通流时间序列的网络邻接矩阵。分析实例交通流时间序列的网络结构在不同状态下的模式，挖掘交通状态变化与时间序列网络结构的可视化关系。另外，针对高速公路行程时间的特点，研究提出基于预测强度的交通流时间序列预测方法。

以网约车为例分析车辆出行特征，将所有数据按照星期属性进行分类，将具有相同星期属性的数据在一起进行比较，通过对网约车出行量的分析，发现工作日和周末出行需求量变化规律存在一定的相似性和规律性，但又有所区别。发现网约车出行需求具有以周为单位的周期性。在不同工作日和非工作日中，具有相同星期属性的时间段内出行需求量的变化趋势一致，且以一周为周期的网约车出行需求特征相似且相对稳定。此外，时间特性，包括星期属性、时间片属性和工作日属性，也会对网约车出行需求产生影响。

采用动态图卷积网络（dynamic graph convolutional network，DGCN）对交通数据进行预测，构建动态路网邻接矩阵来学习长短期依赖关系和图结构，应用 DGCN 模型建立在输入一个序列输出也是一个序列的 Seq2 架构上，由拉普拉斯矩阵网络模块，图卷积模块构成，通过对全局拉普拉斯矩阵进行学习并预测，提取路网的空间特征；通过 GCN 交通特征行程时间进行预测，提取路网的时间特征。

4. 针对二阶数据张量的交通空间特征分析方法

为实现交通空间数据的关联特征分析，以网络节点相似度、网络节点的交通波动性、交通强度和网络节点的凝聚度等评价指标，综合考虑与时变流量相关、与经济环境相关和与网络结构相关的交通特征，利用特征聚类的方式评价城市交通网络节点的动态影响程度的异质性，为提高交通运作效率和车流疏导提供可靠依据。

城市交通网络的动态分区是城市区域交通管理与交通诱导的前提和基础，路网分区能提高城市交通管理和诱导效率。结合加权 GN 算法、路网拓扑结构以及路段行程时间的相关性，给出城市路网交通进行区域划分的具体实施步骤。

在研究车辆出行需求预测问题时，对研究区域进行区域划分是非常必要的。以网约车为例，对研究区域进行区域划分有助于提高预测的准确性。不同地区的人口密度、交通状况、经济水平等因素都会对网约车的需求量产生不同的影响。因此，将研究区域划分为若干个具有相似特征的子区域，可以更加准确地预测每个子区域内的网约车需求量。同时，区域划分也有助于进行精细化的运营管理。因此，结合 POI 热门需求地点基于泰森多边形提出网约车热门需求区域划分算法。

5. 针对三阶数据张量的路网时空需求预测及路径推荐算法

针对路网时空需求预测提出一种基于麻雀搜索算法优化的卷积-长短期记忆神经网络模型的网约车区域需求预测方法。该方法首先利用残差网络（Res-Net）对网约车区域需求数据进行特征提取和识别，然后利用卷积-长短期记忆神经网络（Conv-LSTM）进行区域网约车交通流量的预测，并最终利用麻雀搜索算法（SSA）对模型的网络超参数及网络结构进行优化。选取网约车轨迹数据集进行模型验证，验证结果表现模型可有效保证预测精度，并可利用模型对网约车区域需求量进行有效预测。

基于不同区域的拥堵状态结合行程时间预测结果，建立了考虑路网均衡的车辆出行路径择优推荐模型。将动态图卷积网络预测的行程时间结合路网拓扑结构构建路网行程时间矩阵，通过最短路径算法求得路网所有卡口点之间的最短行程时间矩阵和对应的路由矩阵；为了进一步表征出拥堵风险概率，本书引入了拥堵风险系数，结合预测行程时间组成新的路网行程时间矩阵，构建基于路网均衡的路径择优推荐算法，结合拥堵风险系数考虑对重度拥堵区域是否进行避让的情况，对比不同路径推荐条件下路径规划的行程时间和路网拥堵态势。在此基础上进行拥堵区避让的路径选择推荐，可有效降低路网拥堵均衡指数，从路网全局层面考虑拥堵避让机制以减缓路网整体拥堵程度。

目 录

第1章 绪论 ·· (1)

  1.1 研究背景及意义 ·· (1)

  1.2 国内外研究现状 ·· (3)

    1.2.1 交通检测数据的预处理方法研究现状 ·· (4)

    1.2.2 交通数据的信息挖掘及网络化方法研究现状 ·································· (5)

    1.2.3 道路交通网络的交通区域划分方法研究现状 ································ (11)

    1.2.4 时空结合的路网需求预测和路径规划方法研究现状 ·········· (12)

第2章 基于交通数据张量的道路交通动态特征分析框架 ················ (16)

  2.1 概述 ·· (16)

  2.2 交通数据张量 ·· (16)

    2.2.1 数学意义下的张量定义 ·· (16)

    2.2.2 交通数据分析中张量引入 ·· (19)

    2.2.3 道路交通网络拓扑 ··· (20)

    2.2.4 基于交通拓扑的多阶交通数据张量描述 ····································· (21)

  2.3 道路交通动态特征分析框架 ··· (23)

第3章 面向零阶数据张量的交通数据预处理 ······································ (25)

  3.1 概述 ·· (25)

· 1 ·

3.2 交通检测数据的多源特征 ……………………………………… (25)
3.3 基于集成学习的多源固定型交通检测数据校验 ………………… (26)
　　3.3.1 城市固定型交通检测数据中的离群数据 ……………… (27)
　　3.3.2 多源固定型交通检测数据集描述 ……………………… (29)
　　3.3.3 AdaBoost 的分类方法 ………………………………… (30)
　　3.3.4 基于 AdaBoost 决策强化的多源交通检测数据校验方法 …… (31)
3.4 基于网约车数据的移动型交通数据预处理 …………………… (37)
　　3.4.1 网约车 GPS 数据描述 ………………………………… (37)
　　3.4.2 异常数据检测 …………………………………………… (38)
　　3.4.3 数据规范化处理 ………………………………………… (39)

第 4 章 面向一阶数据张量的交通时序数据特征分析 …………… (41)

4.1 概述 ……………………………………………………………… (41)
4.2 基于可视图的多状态下时序交通流网络特征分析 …………… (41)
　　4.2.1 时序数据网络化概述 …………………………………… (42)
　　4.2.2 基于聚类分析的交通状态识别 ………………………… (44)
　　4.2.3 基于可视图的多状态划分交通流时间序列网络模型 …… (47)
　　4.2.4 可视图重构交通流时间序列的实例应用分析 ………… (49)
4.3 考虑出行特征分析的网约车数据特征分析 …………………… (61)
　　4.3.1 基于聚类分析的交通状态识别 ………………………… (61)
　　4.3.2 基于斯皮尔曼相关性的出行影响因素分析 …………… (62)
4.4 基于动态图卷积网络的行程时间预测方法 …………………… (65)
　　4.4.1 道路车辆行程时间计算 ………………………………… (65)
　　4.4.2 基于动态图卷积网络的行程时间预测方法 …………… (66)
　　4.4.3 动态拉普拉斯矩阵模块 ………………………………… (67)
　　4.4.4 图卷积网络模块 ………………………………………… (70)
　　4.4.5 行程时间预测的实例应用分析 ………………………… (73)

目　录

第5章　面向二阶数据张量的交通空间特征分析 ……………………（85）

5.1　概述 ……………………………………………………………（85）
5.2　考虑交通数据空间关联的二阶交通数据张量 ……………………（86）
5.2.1　考虑检测器布设的二阶交通数据张量构建 ………………（86）
5.2.2　考虑路段特征的二阶交通数据张量构建 …………………（88）
5.2.3　考虑网约车需求的二阶交通数据张量构建 ………………（89）
5.3　基于二分 k-means 的路网节点评估 ………………………………（90）
5.3.1　k-means 聚类思想 ……………………………………………（90）
5.3.2　基于二分 k-means 的节点交通特征评估算法 ……………（91）
5.3.3　节点异质性评估 ……………………………………………（91）
5.3.4　聚类节点评估的实例应用分析 ……………………………（92）
5.4　基于加权 GN 算法的路网区域划分方法 …………………………（97）
5.4.1　加权 GN 算法概念 …………………………………………（97）
5.4.2　模块度函数 …………………………………………………（97）
5.4.3　基于交通特征的加权 GN 算法 ……………………………（98）
5.4.4　路网区域划分的实例应用分析 ……………………………（98）
5.5　考虑 POI 的出行需求热门区域划分 ……………………………（106）
5.5.1　出行需求相关数据 …………………………………………（106）
5.5.2　结合 POI 数据的网约车热门需求点选址 …………………（110）
5.5.3　网约车需求热门区域划分 …………………………………（115）

第6章　面向三阶数据张量的路网时空需求预测及路径推荐算法 ……（122）

6.1　概述 ……………………………………………………………（122）
6.2　基于 SSA-Conv-LSTM 的网约车 OD 需求预测算法 ……………（122）
6.2.1　相关神经网络方法 …………………………………………（122）
6.2.2　基于 SSA-Conv-LSTM 的网约车时空需求预测模型 ………（126）
6.2.3　OD 需求预测的实例应用分析 ……………………………（129）
6.3　考虑路网均衡的车辆出行路径择优推荐方法 ……………………（138）

· 3 ·

6.3.1 道路交通网络中路径择优目标 …………………………… (138)
6.3.2 考虑路网均衡的路径择优推荐算法 ………………………… (139)
6.3.3 路径选择推荐的实例应用分析 …………………………… (141)

参考文献 ……………………………………………………………… (150)

第 1 章 绪论

1.1 研究背景及意义

城市化进程的加剧伴随着汽车保有量的快速增长，截至 2018 年，根据国家公安部交通管理局公布的最新数据，我国汽车保有量达 2.4 亿辆，与 2017 年相比增长 10.51%，在公安交通管理部门新注册登记的机动车和新注册登记汽车均创历史新高[1]。持续增长的机动车保有量为城市交通不断增压，根据高德发布的《2017 中国主要城市交通分析报告》显示，高峰时段处于交通拥堵状态和缓行状态的城市占全国的 26% 和 55%[2]。与此同时，多地政府 2018 年大力推进绿色出行和交通优化措施，2018 年第二季度相比 2017 年同期，全国拥堵状况有所缓解。其中全国 100 个城市中拥堵下降的城市占比约为 60%[3]。城市交通拥堵的缓解得益于政府确立的行之有效的交通优化方案，而这些合理化方案的制定，则需要在前期充分分析和掌握城市交通系统运行的动态特征。

实际的城市交通运行伴随着时间延展，一刻不停地发生着变化，而人们感知整体的城市交通变化则是通过不断产生的交通数据。互联网公司如高德、滴滴和阿里等最早认识到了数据在交通领域的应用价值，借助自身的数据资源开展了交通领域大数据应用的探索，也极大地推动了云计算、大数据等新一代信息技术在交通领域的应用[4]。例如滴滴利用交通出行大数据记录刻画城市交通流动，实质上这些"流动"的信息体现的是交通数据的"变化"，如滴滴出行数据刻画的城市"星云图"和"热力图"[5]。图 1.1 展示的是厦门市某天 24h 的交通"热力图",体现了城市交通参与者的时间和空间的变化。

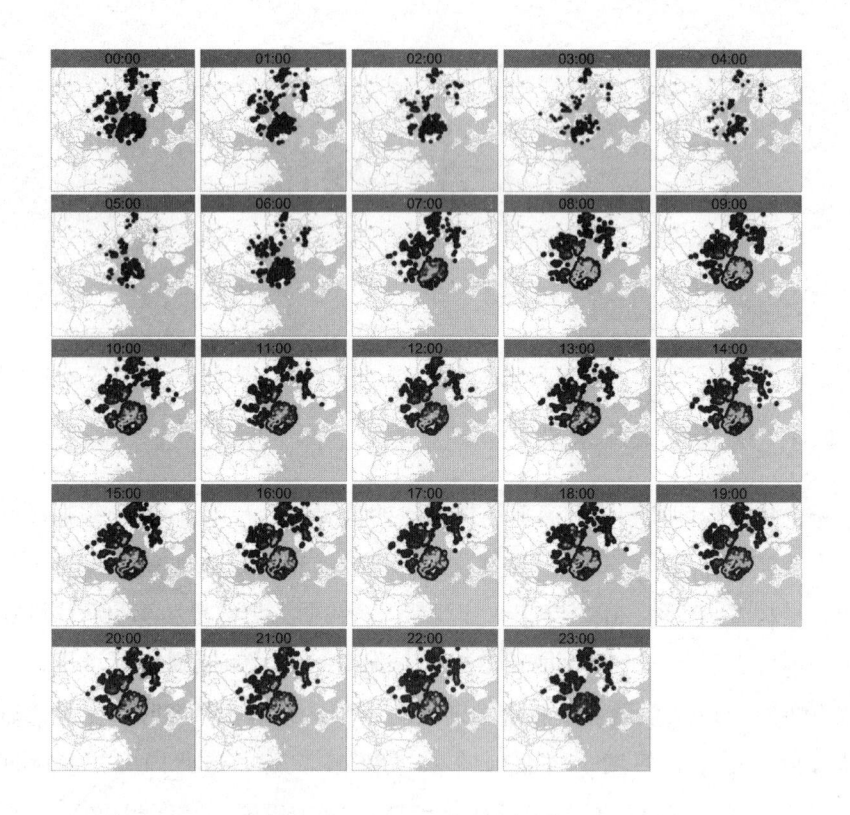

图 1.1 厦门市 24h"热力图"

(图片来源:滴滴媒体研究院 http://research.xiaojukeji.com/index.html)

交通科学自诞生之时起,为描述、监管和控制交通运行态势,就与各种数据息息相关。随着智慧城市的火热建设,更多的交通相关数据不间断地产生出来,从数据的维度描述着城市交通的变化。城市交通大数据主要包括城市交通检测系统获取的检测数据、为城市居民提供即时通信和导航服务的互联网公司实时获取的居民的位置数据、公交公司和客运企业通过 IC 卡及第三方支付中汇聚的客流数据、出租车公司运营获取的出租车定位数据。上述列举的数据,都可以为城市交通规划、政策制定、设计以及管理提供数据支持。在这些类型的交通数据中,最主要的交通决策数据是城市交通控制系统中大量交通传感设备提供的检测数据。

第1章 绪论

随着检测技术的快速推进，地磁车辆检测器、感应线圈、车流量雷达等多种道路传感器共同实时搜集交通大数据的模式逐渐普及起来。重庆市区每日约产生50万条出租车行车数据，中国香港的港岛、九龙区及新界往九龙各条主要干道每天产生约45万条实时行车速度数据，厦门市城区仅湖滨南路上每日约产生17万条地磁车辆检测数据和6万条感应线圈数据，合肥市仅黄山路天智路口每日约产生7 000条微波检测数据和3 000条视频检测数据。根据上述各城市采集交通数据量值，一个中等城市每日产生交通检测数据量级可达到亿级。如何从如此大量的交通数据中获取其中蕴含的交通信息，已成为现代城市交通数据分析的关键问题[6-7]。有效地分析交通数据是缓解众多交通问题的核心问题之一，也是智能交通信息处理的核心内容之一。

大量的交通数据在不断地产生，交通数据又在城市交通分析和决策中占据如此重要的地位，那么交通数据分析的关键技术就成为推动城市交通网络分析的关键力量。传统交通信息管理中也存在粗略的信息发布及简单的交通流量预测，但这些远不能满足现代智能交通的需求。从现阶段的交通分析趋势来看，交通数据的分析技术水平决定了智能交通系统的服务水平。

进入数据时代的今天，人们对事物的认识也随之进入了数据化理解现实问题的阶段。交通管理及控制方面尤其如此，面对大量交通数据我们可以从中获取交通现状、状态趋势等规律模式，对交通问题的认识也迅速迈入大数据分析时代。实际城市道路交通网络的数据由每个路段及交叉口产生的交通检测数据组成，无论怎样描述都脱离不了时间和空间两个维度的交错。从交通网络数据整体上看，单位时刻整个路网的各个组成部分交通状态相互牵制，不断演化；从交通网络数据局部上看，路网每个组成部分的交通信息就是随时间变化的交通检测数据时间序列，它的特征变化体现着路段的交通态势；从交通网络数据组成上看，每个交通数据是交通网络大数据的基本元素，每一个数据都是交通网络态势变化的判定依据。因此，从交通数据的角度认知分析城市道路交通网络的动态特征是现代智能交通发展的重要趋势。

1.2 国内外研究现状

交通网络的数据对象包括交通数据散点、交通数据时间序列和交通网络时空数据。城市道路交通网络动态特征的相关研究可以按照特征分析的数据对象不同进行分类。本节主要分析城市道路交通网络特征挖掘的研究现状,从交通流数据的预处理、交通时序数据的挖掘、道路交通网络的交通区域划分方法和时空结合的路网需求预测四方面的研究分别进行论述,总结各类研究的发展现状,概述本书相关研究的技术基础和发展趋势。

1.2.1 交通检测数据的预处理方法研究现状

近十几年交通管理和控制发展中,交通流数据的预处理一直处于基础地位。只有保证了交通流数据的准确性,利用这些数据所进行的交通管理及控制才有价值可言[8-9]。因而,交通流数据预处理方面的研究始终为交通领域的基础研究,并在不断推进研究当中,其中典型应用是美国高速公路性能测量系统,该项目由加利福尼亚交通部(Caltrans)赞助,主要收集来自传感器的实时交通数据,利用交通数据的处理分析并生成交通驾驶相关的性能指标[10]。

随着固定检测技术的不断发展,多种固定检测技术在交通领域广泛应用,为交通管理和运行态势分析提供最基础的和最实际的交通流数据。如何从多种交通检测设备获取的数据中,提取可以真实可靠地反映交通流状态的数据是交通流预处理的主要研究内容[11]。针对交通流数据预处理的研究,大致可分为交通数据的异常校验与修复方法和交通数据融合方法。

交通流数据的异常校验与识别前期主要采用阈值分析方法。阈值分析方法利用历史数据或者规定范围分析不同参数域的阈值,根据阈值判定交通数据是否异常。裴玉龙等[12]对不同种类单独交通参数以合理固定的数据确定阈值区间,在阈值区间的限定下判定交通数据的异常情况。高宏岩[13]将手机定位技术应用于交通参数采集平台,应用采集车载手机定位的瞬时速度阈值法来识别交通异常数据的情况。徐程等[14]对实时交通数据进行初步筛选、阈值筛选和交通流理论筛选,三个步骤逐层递进,完成对实时交通数据的校验识别。上述方法主要应用单个交通检测设备获取的数据对交通流参量进行异常数据识别,此类方法在设计中的阈值区间若出现偏差或不精准,可能误判数据信息。

为保证交通数据校验和识别的正确率,近阶段提出利用多个参量的联合校验方法。Smith 等[15]和 Vanajakshi 等[16]就是采用常见的组合参数法对获取的交通流量参数进行异常识别。蒲世林等[17]较早将聚类思想应用于检测数据识别之中，引入基于粗糙集模糊识别方法对交通检测数据进行异常分析。在此之后，由于智能算法的兴起，基于智能聚类方法的异常数据识别方法广泛地应用于此领域[18]。章渺[19]提出利用近邻聚类方法识别具有异常数据的交通流数据。徐艺文和刘喜梅等[20-21]也是利用聚类算法解决交通车联网中的异常检测问题。在这些智能算法中，机器学习算法表现出了很强的适用性，其中基于邻近聚类的改进算法、最小二乘支持向量机（least squares support vector machine，LSSVM）的改进算法[22-24]、模糊C均值方法（fuzzy C-means method，FCM）的改进算法[24-26]，均在交通信息处理和交通状态分析方面具有重要性能提升效果。随着深度学习模型的推进，Duan等[27]创新性采用深度学习评价交通数据的可靠性，为交通流数据异常校验与识别开辟了新的技术拓展路径。

  交通流数据异常校验与识别的核心目标是保证获取交通数据的准确性，确保后续交通管控措施的有效性[28]。多种检测技术在交通领域的应用不断扩展，邓中伟等[29]通过对海量异源异构数据进行有效整合，在考虑出行活动的基础上对交通需求进行预测管理，为解决城市交通拥堵问题提供方案。张晓亮等[30]对多种来源交通数据进行出租车出行分布预测，该方法根据多来源的历史数据估计出租车OD分布，并可以提高预测出租车OD分布的准确率。从上述研究内容不难发现，多源数据已经在交通方面研究中起到重要作用，因而对同一检测对象提供多源交通数据的支撑，本身就是为交通检测数据的校验提供了一个便捷途径，另一方面多源检测交互处理可消除单一交通检测带来的误差。

1.2.2 交通数据的信息挖掘及网络化方法研究现状

1.2.2.1 交通数据的信息挖掘技术

  交通管理伴随着大量传感器的介入，因而势必产生大量交通数据。在交通领域，海量的交通数据主要产生于各类交通的运行监控中，数据量大且类型繁多，数据量也从TB级跃升到PB级。在广州每日新增的城市交通运营数据记录数据超过12亿条，每天产生的数据量为150～300GB。从交通信息数据中可以挖掘出管理城市交通所需的信息，通过数据挖掘算法实现交通规划、道路实时路况分析和智能诱导等功能。

  交通数据挖掘对于智能交通具有四方面的积极意义。第一，交通数据可以提供新的交通运行环境监控方式。通过分析历史交通数据，交通数据挖掘技术能捕捉数据中存在的关联性和规律，为降低交通拥堵和合理规划交通信号控制提供决策依据。第二，交通数据拥有信息集成优势和信息组合效率。数据挖掘有助于综合性立体交通信息体系的建立，通过将不同范围、不同领域、不同种类的"数据集"加以综合，可发挥交通的整体性功能。第三，交通数据的智能性可以合理配置公共交通资源。通过交通数据的挖掘可以辅助交通管理部门制定出较好的统筹与协调解决方案。例如，根据节假日交通数据的挖掘结果，可以确定多种模式综合地面交通网络部署、人员分流策略和多层次地面交通主干网络绿波通行控制方案。第四，交通数据的挖掘可提高交通安全水平，它的实时性和可预测性可帮助交通安全系统提高数据处理能力。在道路应急救援上，交通数据可提供道路应急指挥的决策辅助，提高道路应急救援能力，减少救援中的人员伤亡和财产损失。

  关于城市机动车出行状态的研究，常见为利用固定检测器和FCD浮动车获得的数据进行分析，而近些年利用车牌识别系统获取更多的城市交通状态信息。Xu等[52]根据城市快速路交通诱导和交通监控系统的需求，利用在城市快速路上固定交通检测器的数据构建宏观动态交通流模型来估计交通状态。Kong等[53]提出了一种结合固定监测器和FCD浮动车数据的城市交通状态估计方法。Montero等[54]将巴塞罗那中央商务区中的浮动车数据用于估计交通流量，并以此确定该区域交通状态。姜桂燕等[55]基于车牌识别数据的单车行程速度采集方法及区间平均行程速度采集方法，对交通拥堵的识别进行了研究。游黄阳[56]利用可获取的车牌数据，结合城市道路交通流特性进行分析，提出适用于城市道路交通系统的交通运行状态评价及预测方法。

  随着研究的进展，学者们逐步将注意力转向基于大数据的交通深层规律的探寻。

  移动通信数据由于记录了出行者的时空位置，对于交通领域的OD需求提供了不可多得的素材。杨飞[57]借助手机定位技术对目标对象进行连续位置跟踪，结合基于手机位置区定位和基于手机定位平面坐标的方法，通过数据处理和建模分析提取追踪对象的 OD 信息。Friedrich 等[58]提出了一种利用手机数据生成 OD 矩阵的方法,通过移动电话网络中记录的移动电话信号来获取移动电话设备的时间空间轨迹。每个轨迹的起始点和结束点决定了原点区域和目标区域,通过流量聚类过程计算 OD 矩阵。

除了上述的移动通信数据和道路检测数据以外,公共交通 IC 卡数据也是传统被关注的一类数据资源,最早用于公共交通运营决策,为其提供包括总客流、线路客流、站点客流等时空变化分布的公共交通客流信息。之后被用于获取公共交通规划的居民公共交通出行特征信息。

1.2.2.2 交通数据时空特征提取方法

Kanagaraj 等[87]利用专用软件提取轨迹数据,并使用局部加权回归方法处理数据,通过这些轨迹研究实际的交通流特性。Abadi 等[88]在部分路段没有配备交通检测传感器的前提下,利用有限交通流量检测数据,基于自回归模型预测每个路段上的交通流量。Wang 等[89]探讨了基于模糊 C 均值和极端学习机的预测分析模型。Chan 等[90]和 Ermagun 等[91]分别针对空间结构关联预测拥挤和不拥挤情况下的交通流量。随着大量交通数据的产生,机器学习的高适用性逐渐显现。Yu 等结合先前场景预测对象的未来运动的思想,提出将交通速度数据转换成静态图像的方法,并将其作为深度学习的输入,利用时空递归卷积网络预测网络中的车流速度。Zhang 等[92]提出基于支持向量回归的短期交通流量预测方法,利用随机森林和增强遗传算法确定最优预测模型参数。

综上分析,交通检测数据的信息提取方法从原来的统计方法,延伸到神经网络方法和机器学习方法[93]。Duan 等[94]创新性采用深度学习评价交通数据可靠性,为交通流数据特征信息提取开辟了新的技术拓展路径。Zhang 等[95]考虑天气要素对高速公路的交通流量影响,利用门控循环单元的深度学习框架对其进行预测研究。文献[96-97]也提出基于深度学习 GRU 模型的高速公路行程时间预测模型。

在道路交通出行动态特征分析方面,之前主要依靠固定监测器的检测数据。近年来,研究者们利用公共交通数据和 GPS 定位技术等新兴数据源,提供了更多全面、真实、准确、个性化的城市道路交通出行数据支持。例如,杨帅等[98]利用深圳市高速路网的卡口数据，通过Apriori算法识别车辆行驶轨迹，根据车辆出行轨迹的频繁程度分析出行车辆构成，识别出通勤车辆。田甜[99]则利用高速路收费数据从车辆的基础属性、时间属性和空间属性三个方面展开分析，并进行OD流量预测。

赵坡[100]在研究中利用车牌识别数据进行快速路车辆出行特征分析，包括出发时刻、出行频次以及出行路径的多样性。通过采用k-means++算法对不同类型的出行特征进行聚类，提出了精细化车辆诱导分流策略。同时，随着公共交通系统的不断完善，大量公共交通数据被积累并得以应用，例如轨道交通数据[101-103]和公交数据[104-105]，这些数据源为精细化道路交通出行特征分析提供了数据来源。

梁泉等[106]利用公共交通刷卡数据和站线数据，构建知识图谱并进行相似性判别，从而对个体出行者的出行特征进行分类和分析。邱豪基[107]基于IC卡数据和公共交通GPS数据，建立通勤时间影响模型，提取公共交通出行链路，以分析乘客出行特征。随着实时GPS定位技术的普及，交通大数据时代的到来为获取更加全面、真实、准确、个性化的城市道路交通出行提供了数据支持。Ren等[108]通过分析网约车出行GPS数据，建立关于海口市的公交出行需求与服务水平关系模型，以此分析影响出行需求的特征和主要因素。林亦南[109]则利用网约车轨迹数据，考虑多个影响因素，构建结合随机森林与BP神经网络的需求区域预测模型。

以往的道路交通出行动态特征分析主要依赖于传统的监测采集数据和公共交通运行数据，数据获取过程烦琐、效率低下且误差较大，导致数据质量不佳，进而影响数据处理和分析结果。此外，以往的研究对象主要是"车"，而忽略了"人"这一研究主体的个体差异性。随着大数据时代的到来，实时GPS数据的应用可以弥补传统数据的不足，同时，也可以展开个性化研究，例如个人出行通勤路线选择和居民出行需求空间密度分布等。

现有的交通数据时空特征提取研究方法特点：

（1）多维度交通数据的信息提取还有待深入，对检测数据更加具体和深入的洞察将成为城市交通智能交通领域的重要任务。交通网络层面的交通特征分析研究还处于起步阶段，但随着硬件系统和人工智能技术的飞跃式发展，实现网络层面的交通态势识别和分析也必将是现阶段交通特征分析的重要工作。

（2）随着检测技术的快速发展和智能城市交通发展的需求，研究的技术方法不断向智能化方向发展，从单层结构向深层结构过渡，其中深度学习方法还在初步探索阶段[110]。

1.2.2.3 城市交通网络行程时间预测方法

传统行程时间的预测方法大都基于历史行程时间数据，忽略了道路的实时状况，随着大数据时代的到来，对于海量数据的处理及模型的训练难度也在增加，深度学习在大数据的时空特征提取方面的优势也显现出来，在交通领域有着重要地位。

行程时间预测方法中数据驱动的方法较多，非参数的方法以机器学习和深度学习最为适用，优势在于对大量的数据进行处理时，数据量越大，计算能力越强，模型的预测效果就会越好。Dia 等[111]采用循环神经网络（recurrent neural network，RNN）对澳大利亚高速公路行程时间进行短期预测，并考虑当前道路上下游数据，提高了预测的准确性，但是其网络结构需要多次测量。Liu 等[112]采用长短期记忆层-深度神经网络模型（long short term memory-deep neural network，LSTM-DNN）对公路行程时间进行预测，但存在模型训练时间较长、参数需要确定等问题。为解决图神经网络中时空分开的问题和路网中相邻路段对车速的影响问题，Fang[113]提出了时空图神经网络（contextual spatial-temporal graph attention network，ConSTGAT）框架，它集成了流量预测和上下文信息模块，结合路网时空信息，通过卷积层提取路段上下文信息，例如路网中主路和辅路的关系，结合多任务学习提高模型性能，并预先计算每个路段的行驶时间。将出行规划应用于行程时间预测，卷积长短时记忆神经网络（conv-long short term memory，Conv-LSTM）结合出行规划思想，以特殊出行路径为研究对象，根据出行规划数据计算路段的交通流量，将模型输入分为历史数据和未来规划数据，通过卷积网络提取路网时空特征并预测未来时段的路段交通状态[114]。

交通参量预测早期采用对时序交通数据进行特征挖掘的方法，但路网的状态并不是一直不变的，该方法不能反映路网的动态性能，图神经网络在交通工程方向的引入，解决了一部分路网动态性能问题。将交通数据时序的时间特征与路网的空间特征相结合[115]，采取图神经网络的方法去捕捉空间和时空特征，是近年来交通预测的热点所在。

余冰等[116]首次将图神经网络运用到交通领域并提出了时空图卷积网络（spatial temporal graph convolutional networks，STGCN），将交通领域的时序预测问题用图表示，建立了完整的卷积模型，对多尺度交通网络建模，捕获时空相关性；该网络由多个时空卷积块组成，时空卷积模块由图卷积层和卷积序列学习层组合而成，对时空依赖关系进行建模。由于单站点流量预测难度较大，本书提出一种多图卷积神经网络，在多图卷积层的基础上，提出了一种包含LSTM算法的encoder-decoder编码解码器结构，捕捉时间关系来预测站点级流量，并通过融合多个图形，运用卷积层来预测站点级自行车流量，从图的角度来反映共享单车系统[117]。替换网格划分路网的方式，将城市地铁网转换成图结构，并用图卷积神经网络进行预测，首先采用图卷积捕捉不规则地铁网的时空依赖性，构建一个图卷积神经网络（graph convolutional neural networks，GCNNs）来捕捉城市层面的时空依赖性，再将三个时间模式进行融合，最终形成预测值[118]。距离较远的区域之间的非欧式相关性对于区域级网约车需求的准确预测也至关重要，提出了时空多图神经网络，首先将区域间的非欧式成对相关性编码为多个图，并利用多图卷积对这些相关关系进行建模，其次，利用全局上下文信息对时间相关性进行建模，Geng[119]提出了上下文门控循环神经网络，该网络利用上下文感知的门控机制对不同的历史观测值进行重新加权。将基于注意力机制的时空图卷积网络（attention based spatial-temporal graph convolutional networks，ASTGCN）运用于流量预测，ASTGCN算法主要由三个独立部分组成，分别对交通流的邻近、每日和每周三个时间特性进行依赖关系分析，通过时空卷积捕捉时间特征，对三个分量加权融合，最终输出预测值[120]。前期的GNN研究假设拉普拉斯矩阵严格不变，即输入图的邻接矩阵是常数，但由于路网并不是一成不变的，所以图的拉普拉斯矩阵也应该是时变的，为解决该问题，Diao[121]提出了一种新的时空结构-动态扩展门控卷积神经网络（dilate gated convolutional neural network，DGCNN）预测路网的交通速度，将图卷积输入实时的动态拉普拉斯矩阵。为了捕获时间空间依赖性，Zhao[122]将图卷积网络和门控递归单元结合，提出了一种基于神经网络的交通预测方法——时间图卷积网络（temporal graph convolutional network，T-GCN）模型，GCN算法用于学习复杂的拓扑结构来捕获空间依赖关系，门控递归单元用于学习交通数据的动态变化来捕获时间依赖关系。将基于距离的静态图与对节点嵌入生成的动态图集成，提取节点的动态属性，并引入课程学习来减少RNN的重复操作，Li[123]提出了一种新框架——动态图卷积循环网络（dynamic graph convolutional recurrent network，DGCRN）。

1.2.3 道路交通网络的交通区域划分方法研究现状

随着智能城市的发展，城市道路网络建设越来越复杂，最终演变成一个极其庞大和复杂的网络系统，交通区域划分方法也应得到改进，即用智能方法取代传统方法以满足智能城市的建设。将整个城市系统划分为多个交通区（也称为交通分析区），可以降低城市交通系统的复杂性；同时，由于城市道路网络的交通特性是随机和动态的，这给交叉口信号灯控制的时间安排带来问题，而城市道路网的分区是解决该问题的关键[124-125]。有许多方法来定义道路网络中的区域，例如，按网格、按人口区域或按行政区等。

马莹莹等[126]将信号控制交叉口作为顶点，连接交叉口的路段作为边，形成交通信号控制网络，通过计算网络的拉普拉斯矩阵的Fiedler值进行区域自动划分，对比平分法、按均值划分及按距离划分三种自动划分方法，降低交通控制系统的复杂性和不同区域之间的影响。Lukas等[127]提出基于仅从静止传感器收集信息的宏观基本图，使用随机行走在道路网络中生成分区结果，为交通运输局提供了以实践为导向的解决方案。卢守峰等[128]针对聚类算法在路网划分结果中不连续等问题，将相邻路段的相关性加入改进的k均值聚类算法，并用ANSK作为聚类评价指标；对不稳定的路段进行预处理，根据"噪声"路段的频次进行分区，实现路网连接性的划分。潘媛[129]根据路网交叉口、路段和分区结果之间的联系，以交叉口的最大带宽均值为目标，建立控制子区划分模型，实现大规模干线协调控制。以私家车和公交车的速度和路段的连接关系为划分条件，傅惠[130]基于传统分区算法改进的初始化子区算法和合并子区算法，并结合区域边界调整算法，提出了一种基于路网多模式的分区算法，十分适用于大规模的路网分区。林丹[131]提出一种改进Newman社区划分算法，重新定义模块度的评价方法，利用路网路段车流量作边权，复杂网络的度作节点权，提取不同时段的数据，实现路网的动态分区。罗晓霞等[132]等提出基于GN算法的动态路网划分模型，对收集到的图进行预处理，通过GN算法对图进行预划分，再将划分结果加入当前划分好的分区中。Ji等[133]提出了一种由三种算法组成的分区模型，首先通过归一化分割，其次是基于初始化分隔的融合算法，最后是边界调整算法，结合最小化链路密度的方差，实现减小分区方差的目标。田秀娟等[134]考虑相邻交叉口的距离、行程时间、车流量等因素，改进Newman算法，加入交叉口关联度，根据不同交通特征进行路网动态区域划分，更符合实际路网交通特征。李拓[135]结合速度时空相似结果构建路网基于PE距离的时间序列相似度的邻接矩阵，通过NCut分区算法，并根据评价指标对分区结果进行调优。

1.2.4 时空结合的路网需求预测和路径规划方法研究现状

1.2.4.1 路网需求预测方法

路网需求研究是学者们研究的重点。在此背景下，本书总结了国内外三种主要的研究方法，包括理论预测模型、基于人工智能方法的预测模型和组合预测模型。

1. 理论预测模型

在路网需求预测中，理论预测模型可分为线性理论预测模型和非线性理论预测模型两类。在此过程中，时间序列预测和卡尔曼滤波等模型被广泛应用。例如，Moayedi[136]对交通流量数据进行异常检测和建模，将异常数据从正常的流量变化中分离出来，并利用ARIMA（autoregressive integrated moving average，差分自回归移动平均）分析和建模交通流量变化。Sabry等[137]则采用逻辑回归和自回归综合移动平均方法，结合年平均、月平均、周平均和日平均交通流量等因素进行长期交通流量预测。此外，朱中等[138]通过分析交通流量数据特点，建立交通流量状态预测方程，并利用卡尔曼滤波方法对交通流量进行预测，结果表明该方法可以应用于正常交通状况下的交通流量预测。Milenkovic[139]设计了一种结合卡尔曼递归算法和ARIMA算法的交通网络客流量预测模型，通过提取交通流量数据的空间状态形式，并输入卡尔曼滤波算法中进行预测,实现对网约车需求的准确预测。袁磊等[140]提出基于正交自适应差分演化的无迹卡尔曼滤波(UKF)算法,建立交通流量预测的状态空间方程和预测方程,对复杂交通道路下的短期交通流量预测模型的参数进行优化,最终实现对短时交通流量的预测。

2. 基于人工智能方法的预测模型

人工智能方法包括多种不同类型的机器学习和深度学习模型。Ke等[141]将城市区划划分为六边形,并通过三个不同的坐标(平方坐标、奇偶坐标和立方坐标)将六边形区域转换成不同维度的数据张量,并利用基于六边形的卷积神经网络(H-CNN),对网约车需求进行预测。Wang等[142]将网约车历史订单数据、天气数据和交通数据等多源数据进行融合,提出一种基于残差神经网络的深度供需(deep-SD)预测模型,并在公开数据集上进行测试,验证了模型的有效性。Zhang等[143]提出一种基于时空聚类的网约车需求热点预测模型,利用自适应DBSCAN算法提取不同时间段的网约车热门需求子区域,并利用指数加权移动平均模型对网约车需求热点区域进行预测。Chen等[144]采用一种热方法对交通状况进行编码,用3位二进制码来表示交通状况,并将其作为层叠长短期记忆神经网络模型的输入特征,进行短时网约车需求预测。Zhao等[145]首先提出了表示路网中不同环节之间相关性的ODC矩阵,从互相关性分析和数据训练两方面表示交通数据的时空相关性,提出的多层次级联LSTM网络将长期的交通预测分解为多个短期交通预测过程,服务于最终的网约车交通流量预测。

3. 基于组合模型的预测方法

智能组合预测模型因其能更好地捕捉交通数据中的时空特性,越来越多的研究者选择此模型来进行网约车需求量预测。孙立山等[146]利用k-距离曲线来计算DBSCAN算法的搜索半径,对成都某区域上客点数据进行载客热门区域聚类,而后使用BP神经网络对载客热门区域进行出租车需求预测。于瑞云等[147]提出一种可变形卷积时空模型(DCSN),使用DCN提取局部空间特征,将输出连同天气、气温作为LSTM的输入进行区域需求预测。段宗涛等[148]设计CNN-LSTM-Res-Net组合模型,利用残差单元和卷积网络提取GPS数据特征,应用LSTM进行出租车需求预测,并与其他模型相比体现出本模型的优越性。熊文磊等[149]将CNN网络提取到的基于划分区域的空间特征和LSTM网络提取的时间特征利用全连接层进行拼接，得到最后网约车需求预测结果。Peng等[150]考虑到不同时间条件下的出租车的需求规律，提出基于不同时间序列提取角度的出租车需求预测模型。吕建明等[151]提出基于注意力机制的多尺度卷积神经网络预测模型，将轨迹建立为二维图像作为模型的输入，来提高网约车需求预测模型的精确度。

目前，国内在预测居民出行需求方面，主要采用传统交通工具生成的交通数据，例如出租车轨迹数据、轨道交通出行数据等，对于网约车出行需求预测的研究较为有限。网约车出行需求预测的主要方法是基于海量网约车GPS轨迹数据进行出行信息特征挖掘，以预测未来特定时空条件下的网约车需求。当前的研究思路主要包括两个方面：第一，分析居民出行的时间特征，并挖掘数据背后的时序规律，使用预测模型进行时间序列预测；第二，结合交通数据的时间特性和空间关系，对时空序列进行预测。然而，现有的研究往往未考虑交通数据的复杂时空特征，而且以往的网约车需求研究的区域划分方式多为传统的栅格划分，未考虑中心区域和周边区域的网约车需求量密度不均的问题。

1.2.4.2 路径规划方法

路径规划是智能交通系统中旅行者信息服务系统的主要任务，动态交通信息的获取是出行时间预测和优化路线建议的前提。车辆路径诱导系统的重点是路径优化方法，而动态交通分配则是该系统的基础[152-153]。车辆路径优化问题最早由美国的学者Dantzig和Ramser于1959年提出，以此为基础，很多的学者对此展开深入的研究，在考虑顾客满意度的前提下，Bartlett等人[154]提出了即时配送系统路径优化模型，填充了软时间窗和商家之前的实际配送时间，构建了以总经济成本最低和服务时间最佳的路径优化模型。Lee等人[155]提出了路径调度的概念，以确定和最小化路径过渡时间，使用时间相关的旅行时间数据，通过推导新的有效不等式来降低计算复杂性。Wang等[156]将控制原理引入动态路径，选择历史旅行路径和预期旅行时间作为控制目标，以优化全局动态路径。Shen等[157]结合链路行程时间相关性和信号交叉口等待时间，提出了一种基于行程时间可靠性的用户均衡（TRUE）交通分配模型。基于用户平衡理论，Song 等[158]提出了一种动态交通流分配模型，该模型使用链路节点阻抗函数来反映 POI 对链路的影响，从而缓解路网拥堵。Chai 等[159]使用最大路径可靠性和行驶时间可靠性优化了应急车辆路径选择。Zhou 等[160]建立了用于蚁群优化的 Dijkstra 算法的路径优化模型，该模型适用于有障碍的环境，降低了路径成本。Zhao 等[161]基于粒子群优化算法解决时间相关（动态）最短路径问题，采用邻接矩阵搜索方法，并使用最佳个体的路径作为引导信息的更新规则来制定紧急车辆路径规划。Wang 等[162]结合 A* 算法和旅行时间，实时找到最快路径。Zhao 等[163]根据预测的旅行时间定义了交通拥堵程度，并优化了两阶段最短路径算法，包括路径算法和洗牌蛙跳算法。Chen 等[164]提出了一种偏差路径算法，以在大规模网络中建立具有旅行时间可靠性的最短路径。Yang 等[165]使用准点到达概率和每分钟旅行时间作为旅行时间的可靠性度量，开发了一类两阶段路线模型。Zhang 等人[166]基于测量共享链路导致的路径-行程-时间相关性，建立了连接路径选择模型。Zhi 等人[167]对路段上的行驶时间进行分类和预测，将预测集转化为行驶时间可靠性，并使用 Dijkstra 算法找到最可靠的路径。Shen 等[168]构建了一种混合图结构，并设计了基于动态边缘权重的最短行程时间路径分析算法。Wang 等[169]使用广义均值-方差度量来研究旅行时间不确定性对用户平衡模型中路线选择行为的影响。Li 等[170]使用混合元启发式集成蚁群优化和禁忌搜索，解决了基于行程时间可靠性的应急物流多目标救援模型，通过旅行时间可靠性提高了救援效率。Sun 等[171]使用多个旅行时间指标估计道路网络中路段的平均旅行时间，并通过考虑路径距离和旅行时间损失函数的最小化来确定最可能的旅行路径，提高了旅行时间预测的准确性。

第2章 基于交通数据张量的道路交通动态特征分析框架

2.1 概述

城市交通流变化周而复始，在空间上遵循着城市道路的空间结构而发生变化。为分析城市交通动态特征，首先要选取合适的城市交通拓扑结构。另外，城市路网结构在较长时期内固定不变，路网交通流的动态性实质就是道路中变化的车流，具体体现为交通网络中检测器获取的动态交通数据。由数据产生顺序确定的交通流时间序列充分体现了交通数据的时间性。由数据来源的检测器位置体现了交通数据的空间性。因此道路交通动态特征分析需要从交通数据的时间性和空间性两方面综合考察。考虑到张量是一个多维的数据存储形式，因而结合交通数据的空间性和时间性描述交通数据张量。

本书主要研究城市交通网络动态特征的分析技术，本章主要介绍道路交通动态特征分析技术框架，技术以交通数据张量为交通动态特征分析的主要出发点，从张量角度对交通网络特征进行分层解构研究。

2.2 交通数据张量

2.2.1 数学意义下的张量定义

本章涉及张量为数学意义下的含义，张量（tensor）实质是多维数组或多维阵列（multidimensional or n-way array of data）[191]。张量可以理解为向量和矩阵在多维空间中的推广，在低维阶段的代表为标量、向量和矩阵，如标

第2章 基于交通数据张量的道路交通动态特征分析框架

量表示为零阶张量，向量表示为一阶张量，矩阵表示为二阶张量[192]。张量中每个元素使用多个指标来标注的，张量的表达形式如公式（2.1）所示，其中 n_i（$i=1,2,\cdots,m$）表示正整数。m 称为张量 A 的阶数（order），若 $n_1 = n_2 = \cdots = n_m = n$，那么 n 称为张量 A 的维数，m 阶 n 维的实数域张量记作 $\Gamma(\mathbb{R}^n, m)$。

$$A = (a_{l_1,\cdots,l_m}) \in \mathbb{R}^{n_1 \times n_2 \times \cdots \times n_m} \tag{2.1}$$

在实际问题的研究中，张量是一个多维的数据存储形式，直接分析较困难。常见的研究以张量的向量化和张量的矩阵化方式细化分解问题，为解释和分析张量特征提供了高效的手段。下面以三阶张量为例介绍张量的操作变化，三阶张量示意如图 2.1（a）所示。

1. 张量的向量化

在三阶张量中以向量为单位划分，每个单位称为张量的纤维，按照提取方向分为三类：列纤维、行纤维和管纤维，分别如图 2.1（b）（c）（d）所示。

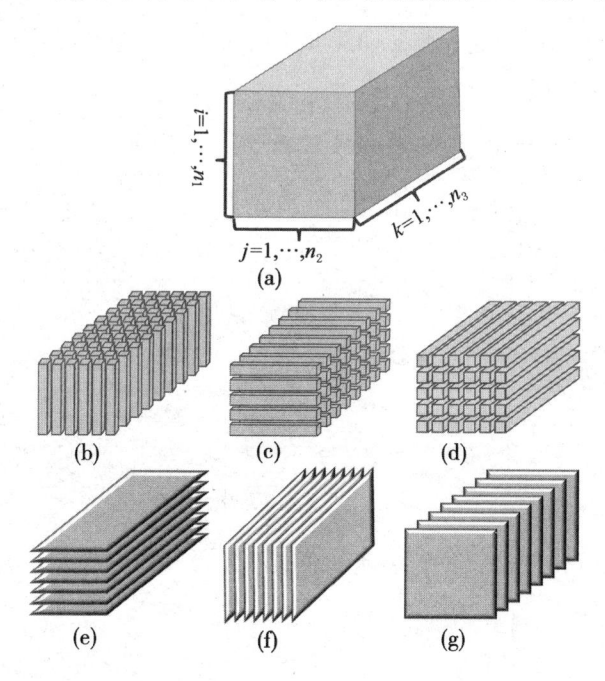

图 2.1 三阶张量 $A \in \mathbb{R}^{n_1 \times n_2 \times n_3}$ 及其纤维和切片示意图

列纤维（column fiber）表达如公式（2.2）所示。

$$\boldsymbol{A}_{:,j,k} \stackrel{\text{def}}{=} \begin{bmatrix} a_{1,j,k} \\ \vdots \\ a_{n_1,j,k} \end{bmatrix} \quad (j=1, 2, \cdots, n_2, \ k=1, 2, \cdots, n_3) \quad (2.2)$$

行纤维（row fiber）表达如公式（2.3）所示。

$$\boldsymbol{A}_{i,:,k} \stackrel{\text{def}}{=} \begin{bmatrix} a_{i,1,k} \\ \vdots \\ a_{i,n_2,k} \end{bmatrix} \quad (i=1, 2, \cdots, n_1, \ k=1, 2, \cdots, n_3) \quad (2.3)$$

管纤维（tube fiber）表达如公式（2.4）所示。

$$\boldsymbol{A}_{i,j,:} \stackrel{\text{def}}{=} \begin{bmatrix} a_{i,j,1} \\ \vdots \\ a_{i,j,n_3} \end{bmatrix} \quad (i=1, 2, \cdots, n_1, \ j=1, 2, \cdots, n_2) \quad (2.4)$$

2. 张量的矩阵化

在三阶张量中以矩阵为单位划分，每个单位称为张量的切片，按照提取方向分为三类：水平切片、侧向切片和正面切片，分别如图2.1（e）（f）（g）所示。

水平切片（horizontal slice）表达如公式（2.5）所示。

$$\boldsymbol{A}_{i,:,:} \stackrel{\text{def}}{=} \begin{bmatrix} a_{i,1,1} & \cdots & a_{i,1,n_3} \\ \vdots & & \vdots \\ a_{i,n_2,1} & \cdots & a_{i,n_2,n_3} \end{bmatrix} \quad (i=1, 2, \cdots, n_1) \quad (2.5)$$

侧向切片（lateral slice）表达如公式（2.6）所示。

$$\boldsymbol{A}_{:,j,:} \stackrel{\text{def}}{=} \begin{bmatrix} a_{1,j,1} & \cdots & a_{1,j,n_3} \\ \vdots & & \vdots \\ a_{n_1,j,1} & \cdots & a_{n_1,j,n_3} \end{bmatrix} \quad (j=1, 2, \cdots, n_2) \quad (2.6)$$

正面切片（frontal slice）表达如公式（2.7）所示。

$$\boldsymbol{A}_{:,:,k} \stackrel{\text{def}}{=} \begin{bmatrix} a_{1,1,k} & \cdots & a_{1,n_2,k} \\ \vdots & & \vdots \\ a_{n_1,1,k} & \cdots & a_{n_1,n_2,k} \end{bmatrix} \quad (k=1, 2, \cdots, n_3) \quad (2.7)$$

2.2.2 交通数据分析中张量引入

由于出行信息服务的基础来源于交通实测数据,因此只有通过多层次精细化的交通数据分析才能获得对应的精细化交通服务信息。为了达到应对具体问题的精细化,需要整体化考察数据,然后不断细化分析,逐一拆分。由于通过检测设备获取的交通数据为离散量,并且结合数据属性满足多维阵列形式,因而本书选用张量理论分析交通数据。数学意义下的张量,实质是多维数组或多维阵列(multidimensional or n-way array of data),可以理解为向量和矩阵在多维空间中的推广。

张量形式引入智能交通系统,源于解决不可避免的数据丢失问题。由于交通流的时空连续性和交通流速度数据的多维性质,提出通过时空模型张量分解过程来完成交通数据恢复[193-195]。Pastor 利用多种模式下存在的局部交通数据结构之间的所有相关性,提高了张量纤维的插补精度。Shao 等提出了一种基于车牌识别(LPR)数据和基于协作张量分解(CTD)的方法来估计稀疏交通量数据。Chen 等[196-197]提出利用贝叶斯增强张量因子分解(BATF)模型,实例验证张量方法在解决多维数据插补问题方面具有优势。随着通过张量分解方式对交通数据修复的不断深入,研究不断向利用修复数据的交通参量预测方面深入。Yang 等[198]充分应用张量多模式提取、聚类分析深入探讨道路网络交通流的复杂异质性。

以上采用张量分解方法对交通数据修复研究具有一定的研究成果,但张量方法在智能交通系统中的应用还有待深入,例如缺少对检测数据多层次和结构性框架研究。张量方法将成为城市交通智能交通发展的主要趋势。

此外,在洞察交通数据张量结构中交通特征方面,研究还在初步阶段,针对交通数据张量特征提取的交通控制和交通诱导方法研究还鲜有研究。

因此,为细化理解数据特征服务交通路径信息,本书利用张量形式描述交通数据,通过多阶张量提取得到具有交通分析意义的降阶数据,采用深度学习的方法对低阶至高阶交通数据(以单交通参量构建交通数据三阶张量为例,如图 1.1 所示)进行特征提取并挖掘对应时序、空间以及时空交通的信息,提高数据信息的层次性和精细度,从而进一步完善交通数据分析理论。

2.2.3 道路交通网络拓扑

城市道路包括交通运输的交叉路口和街道，其上的车流均体现着道路网络的交通变化。将断面流量和流向保持不变且几何条件保持一致的街道区段划分为路段，交叉路口和路段可以自然地转换为城市交通网络结构中的节点和边[199]。以不同的拓扑结构对应关系，交通网络拓扑提取的方式包括以下三种类型。

（1）原始抽象法，该方法将交叉路口抽象为网络的节点，将路段抽象为连接节点的边。该方法构建的拓扑侧重以路段中交通载体通断和流量变化为主要研究对象，不考虑交叉路口中交通转向变化，并可以直观了解道路网络形态。图2.2所示为原始抽象法拓扑提取示意图（无向图），图（b）表示对应方法下（a）的拓扑结构图。

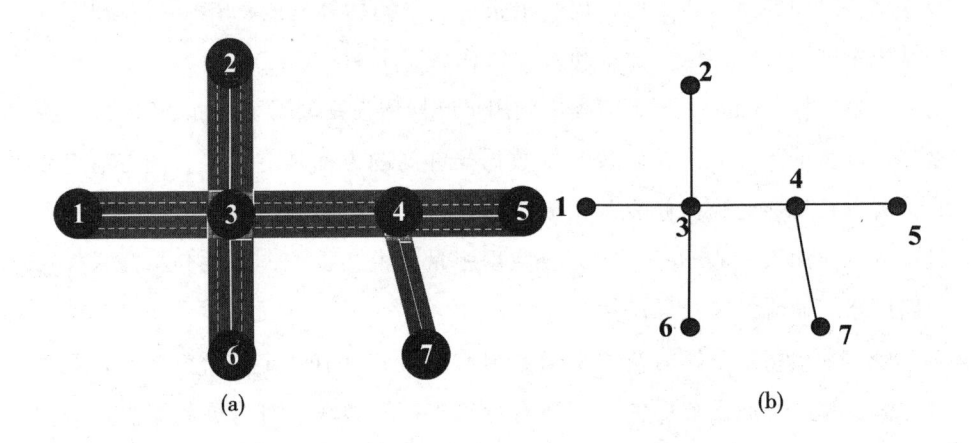

图 2.2 原始抽象法拓扑提取示意图

（2）对偶抽象法，该方法主要以城市道路中街和路抽象为节点，街路之间的连接可达抽象为边。该方法构建的拓扑侧重以路网连通度为主要研究对象，舍弃了道路的空间结构特征。图2.3所示为对偶抽象法拓扑提取示意图（无向图），图（b）表示对应方法下（a）的拓扑结构图。

第 2 章 基于交通数据张量的道路交通动态特征分析框架

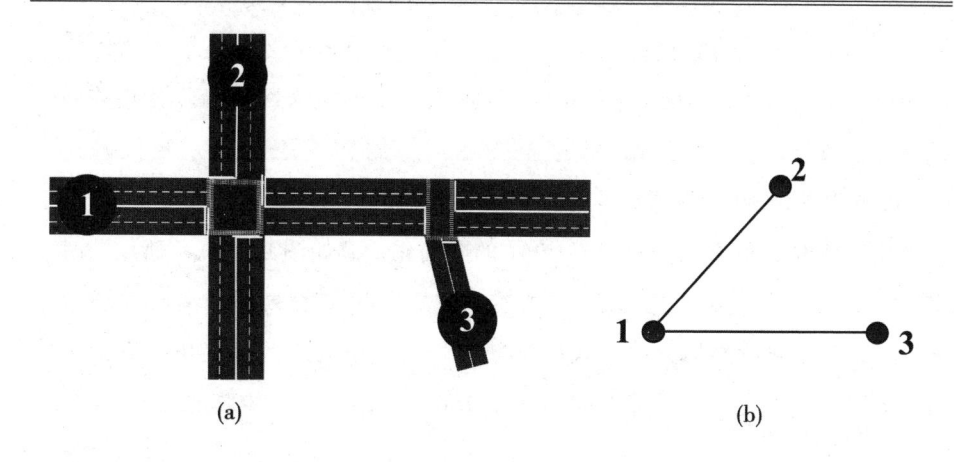

(a)   (b)

图 2.3　对偶抽象法拓扑提取示意图

（3）对偶图抽象法，该方法是在原始道路网络的基础上直观地将路段抽象为网络的节点，将交叉路口抽象网络的边，形成抽象拓扑应为原始抽象法获得拓扑的对偶图。该方法构建的拓扑侧重以交叉路口中交通载体流向和流量变化为主要研究对象。图 2.4 所示为对偶抽象法拓扑提取示意图（无向图），图中（b）表示对应方法下（a）的拓扑结构图。

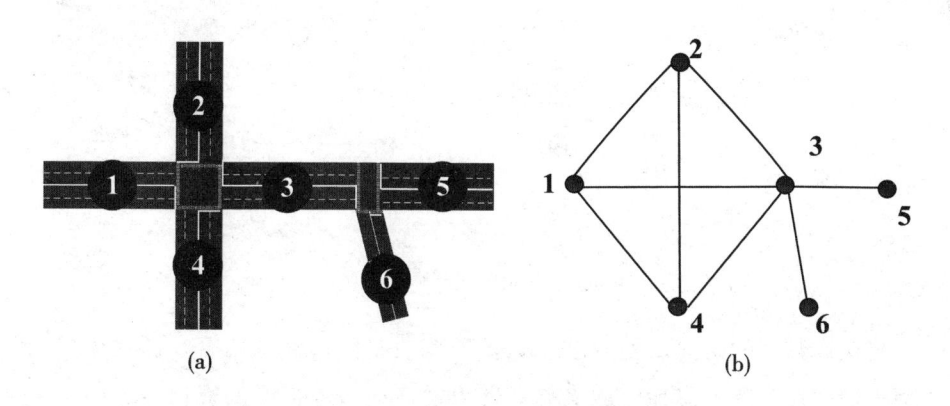

(a)   (b)

图 2.4　对偶图抽象法拓扑提取示意图

2.2.4　基于交通拓扑的多阶交通数据张量描述

每一个采集的交通数据都蕴含了时间属性和空间属性，由于时间属性是一阶属性，空间属性是二阶属性，两者结合给出实际交通数据符合三阶张量的定义形式。

为清晰描述交通数据的张量特征，本节首先根据 2.2.3 小节中描述的交通网络表示交通数据的空间所属关系，具体表现形式为网络的邻接矩阵，通过它描述数据的空间属性。邻接矩阵是网络结构的矩阵表示形式，其中 $a_{p_{js},p_{jo}}$ 为邻接矩阵 M 的元素，定义如公式（2.8）所示，公式中 p_{js} 和 p_{jo} 均为交通路网 V 的节点编号，对应 M 的图像化示意如图 2.5（a）所示。时空交通数据三阶张量如公式（2.9）所示，其中 t 为交通数据采集时间顺序编号。以某时刻路段平均速度加权的某城市交通网络对应的邻接矩阵来刻画网络，图 2.5（a）所示，为节选该网络中 100 个节点间邻接矩阵的图像。

$$a_{p_{js},p_{jo}} = \begin{cases} w_{p_{js},p_{jo}} & <p_{js},p_{jo}> \in E \\ 0 & <p_{js},p_{jo}> \notin E \end{cases} \qquad (2.8)$$

$$\mathbf{A} = (a_{p_{j_s},p_{j_o},t}) \in \mathbf{R}^{n \times n \times T} \qquad (2.9)$$

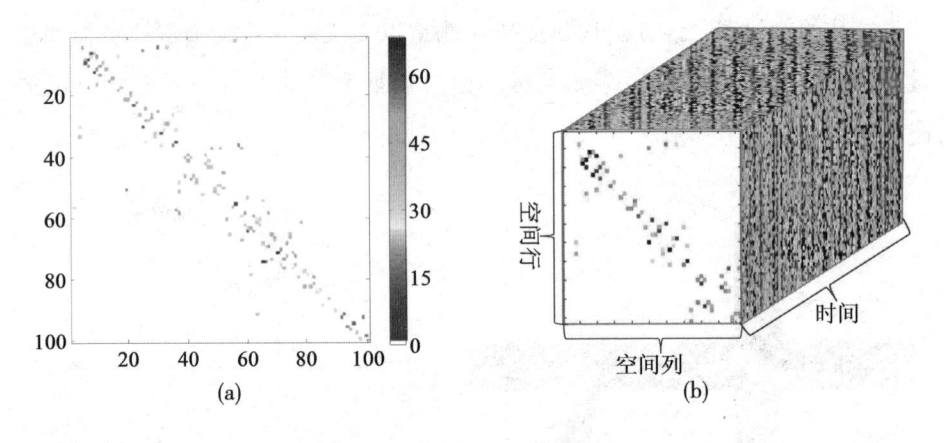

图 2.5 时空交通数据张量图

将交通数据的时间属性与产生数据的路段空间属性相结合，即在体现加权数据的邻接矩阵上添加时间属性。城市交通网络中采集的数据可以使用三个坐标标定，即以数据产生路段的相关交叉口（节点）为空间行坐标和空间列坐标，以数据产生时间为时间坐标。如图 2.5（b）所示为时空交通数据三阶张量示例。

交通数据张量的描述主要为整体理解城市交通动态特征的时间性和空间性。按照张量的操作，实际上常见的交通流分析中的交通流时间序列实质为

第 2 章 基于交通数据张量的道路交通动态特征分析框架

时空交通数据三阶张量的管纤维，交通网络路段的相关性分析实质是对时空交通数据三阶张量中正面切片的分析。

2.3 道路交通动态特征分析框架

根据城市交通网络模型和城市时空数据张量进行详细的描述，如何将动态的时序数据与空间结构结合分析交通变化特征，一直是智能交通研究的热点问题。为解决道路交通动态特征分析的问题，采用分层思想细化技术方案。从交通数据多阶张量角度对交通网络动态特征分层解构，由于动态特征主要表现为数据的时间性，因而对时空交通数据三阶张量的元素、管纤维、切片和张量自身分别进行离散交通数据预处理、时序交通数据特征分析、空间交通数据特征分析和时空交通数据预测。交通数据张量不同提取对象的技术研究分层结构如图 2.6 所示。

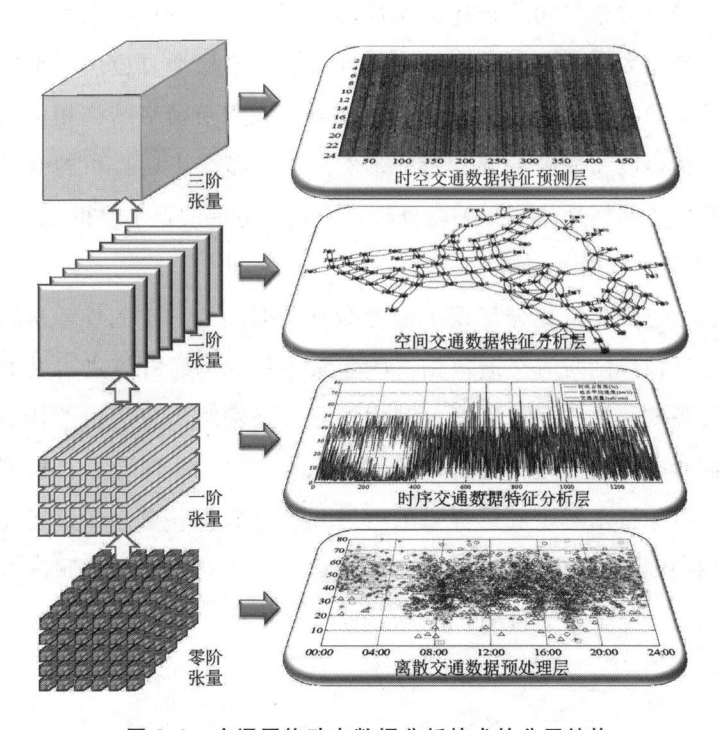

图 2.6 交通网络动态数据分析技术的分层结构

1. 离散交通数据预处理层

交通数据三阶张量中元素描述的实质为离散交通数据，根据数据的聚类特征，主要分析交通数据采集的有效性。由于检测设备长期放置在露天的环境，设备布设的密集度不均匀等因素，本预处理层对交通数据标量进行预先的校验和融合处理，以满足上层的技术分析要求。

2. 时序交通数据特征分析层

交通数据三阶张量中管纤维描述的实质为交通流参量的时间序列，本层主要对获取相同位置的交通流时间序列进行特征分析。本层通过应用复杂网络的技术方法重构时间序列，以获取新的统计特征。本层技术基于下层提供的有效预处理数据，对具有时间属性的实际时间序列进行重构解读和可视化分析，以辅助上层的技术分析。

3. 空间交通数据特征分析层

交通数据三阶张量切片描述的实质为交通流参量的空间关系，本层主要对相同时刻交通数据的空间管理进行特征分析。本层通过应用复杂网络的技术方法进行基于时变流量相关、与经济环境相关和与网络结构相关的交通特征的节点评估，以获取新的统计特征。本层技术基于下层提供的有效预处理数据，对具有空间属性的实际关联分析，以辅助上层的技术分析。

4. 时空交通数据预测层

交通数据三阶张量充分展现了交通数据的时间性和空间性，从时间域角度，利用循环神经网络对交通数据三阶张量中提取的管纤维进行交通网络的交通流参量预测；从空间域角度，利用卷积神经网络出色的图像特征提取技术，将多源时空交通数据三阶张量压缩转化为交通数据图像进行拥堵特征提取和预测。本层技术基于底层提供的有效预处理数据，通过张量压缩转换的手段，利用深度学习技术实现本层时空数据特征的状态识别和预测，达到对道路交通动态特征分析的目的。

第3章 面向零阶数据张量的交通数据预处理

3.1 概述

交通大数据已经广泛汇聚在交通管理部门及专门的运营公司之中，绝大多数数据应用范围停留在出行规律的统计挖掘方面。针对现阶段交通精准管理和控制的需求，决策数据的来源依旧是为交通控制管理服务的交通检测设施和为交通信息采集服务的浮动车和出租车。这些交通设备获取的检测数据的质量很大程度决定了交通特性的分析和挖掘的可靠性。因而本章以固定型交通检测器为数据来源，针对交通检测数据的多源特征，探讨交通检测数据的预处理方法。

基于数据层面的预处理过程包括数据校验（异常识别）、数据修复和数据融合。为保证时序交通数据分析层和时空交通数据预测层采用可靠的数据，考虑到交通大数据的多源特征，放弃数据修复过程，以数据修复和数据融合过程实现交通检测数据的预处理。

3.2 交通检测数据的多源特征

实时交通数据是城市交通控制与管理的重要基础信息来源，它能够表征道路实时的交通状态。这些具有重要交通意义的数据主要来源是智能交通控制与管理系统中的检测器，这些设施应用不同检测技术获取道路中各类交通参量，从而提供较为全面的道路交通状况感知信息，为智能交通系统的建模、控制和决策提供支撑，为交通监控中心分析、判断和优化控制方案提供依据。

交通检测数据采集自交通信息检测系统，交通信息检测数据可概括为移动型和固定型两大类。检测系统一方面利用安装在固定地点交通检测器（如有环形线圈、微波、视频等车辆检测器等）对移动的车辆进行检测，可获取的数据主要包括基于环形线圈的交通数据、基于地磁的交通数据和基于视频的交通数据等。另一方面，通过采集移动车辆上搭载的特定电子标识信息，获取的数据主要包括基于GPS定位的动态交通数据、基于射频识别的交通检测数据等。

根据交通检测设备的位置，交通检测设备同样分为固定型和移动型两大类。城市中固定型交通检测器绝大部分安装在快速路以及城市主干道和次干路上，固定型的交通检测技术较为成熟，且检测准确度高，但检测设备长期放置在露天的环境，设备布设的密集度不均匀等问题，使得获取的固定型交通数据的完备性差。移动型交通检测技术能够检测整个路段，信息完备性好，但由于受到检测车辆停车的随意性影响，存在检测度不高的问题。随着检测技术的进步，上述两大类的多种检测手段都投入在实际的各大城市的交通信息检测系统当中，多种交通检测数据交织互补。正是由于多种检测源共同存在，对同一研究路段的同一交通参量来源也不再单一，大幅度提高了交通采集的全面性，但该原因也导致了实际交通态势识别的多样性。

因此，如何在多源交通检测数据相互补充的同时，将现有多源交通采集数据转化成为唯一表征的交通信息，成为交通领域要解决的基础问题。只有保证了交通流数据的适用性，进行交通管理及控制才有价值可言。

3.3 基于集成学习的多源固定型交通检测数据校验

多种检测技术都已经应用在交通领域，并成为交通管理和控制的基础数据来源。然而固定型交通检测设备长期放置在露天的环境当中，设备本身寿命和设备布设的密集度不均匀等问题，使得如何将现有交通采集数据转化成为适用的交通信息，成为交通领域要解决的基础问题。只有保证了交通流数据的适用性，进行交通管理及控制才有价值可言。为了提高城市交通数据的质量，保证有效的交通决策和管理，本节对多源交通检测数据的校验方法展开研究。

第3章 面向零阶数据张量的交通数据预处理架

本节选取现阶段广泛应用的机器学习方法，主要研究如何应用先进数据分析方法来实现交通检测器数据的校验问题。通过研究和探讨城市固定型检测器获取的多源交通检测数据的校验方法，为城市交通决策和交通网络分析提供准确、有效的基础交通数据。

3.3.1 城市固定型交通检测数据中的离群数据

道路的交通检测器获取的数据包含交通数据采集时间、检测器所属类型、流量、地点平均速度、时间占有率等交通数据属性。这些属性从不同维度体现城市的交通特征，与此同时交通检测设备也存在其固有设备问题。由于检测设备长期放置在露天的环境，设备布设的密集度不均匀等问题，使得获取的交通数据的完备性有所欠缺，因而交通检测数据集中存在数据的离群现象。以下三种情况表现为实时道路数据的离群表象[200]：

（1）道路交通状态检测获取的数据值与真实道路交通状态对应的数据值有较大偏离；

（2）检测得到的道路交通状态数据为错误数据，数据值不在交通参量规律的合理范围；

（3）实际道路交通为异常状态，使得数据出现偏离常规数据趋势。

以实际交通多源检测器获取的数据为例分析数据集特征，例如合肥市交通示范区科学大道与天智路之间的黄山路路段西进口四个车道的微波检测器1 440个时间检测点地点平均速度的数据集，如图3.1所示为该位置对应微波检测器24h地点平均速度数据散点图。图中检测数据集应包含5 760个交通数据，而实际获取离群数据包含离群数据492个。另外，以流量、地点平均速度、时间占有率三个主要交通参量确定交通数据点位置，对相同路段的多源参数综合分析数据体征，如厦门市交通示范区湖滨西路与斗西路之间的湖滨南路段西进口检测数据集，同路段检测数据的多源综合散点图如图3.2所示。图中检测器分别为线圈检测器、地磁检测器和视频检测器，检测器编号分别为线圈检测器编号为DC0×××833，地磁检测器编号为53×××498，视频检测器编号为15×××18。两种方式的数据集表象都存在不符合交通状态的离群样本，且数目明显少于其他类样本的数目。在统计学里将这种情况对应的数据称为非平衡数据[201-202]。

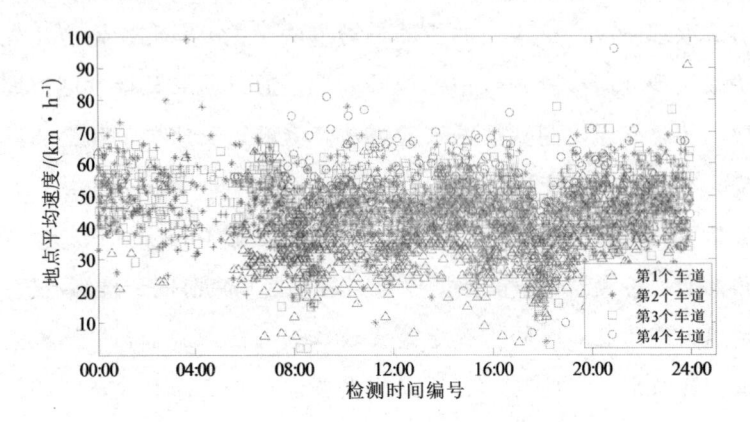

图 3.1 合肥市示范区内某微波检测器 24h 地点平均速度数据散点图

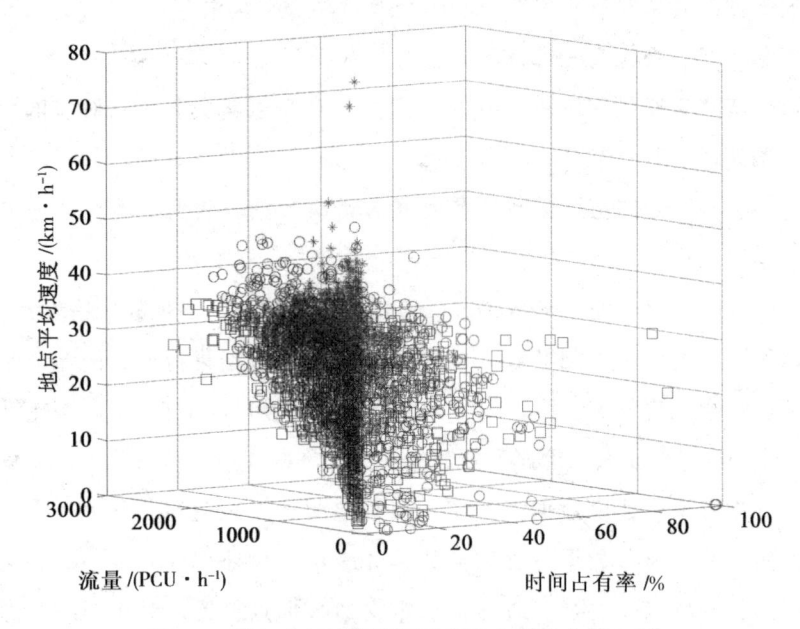

图 3.2 厦门市同路段检测数据的多源综合散点图

通过上述分析，常见交通数据集中存在明显的离群数据，且按其所占比例分析，此类数据属于非平衡数据。因而可以应用交通数据集的非平衡数据离群特征实现交通检测数据的校验。此外，交通检测数据具有时序性，相同检测位置的交通数据多源同步。结合两方面的分析，通过多源交通数据特征剥离出离群数据，不但不影响交通异常状态的数据分析，而且还可以有效保障交通事件的评判度和预测交通状态的准确度。

第3章 面向零阶数据张量的交通数据预处理架

3.3.2 多源固定型交通检测数据集描述

在交通检测数据集中，每个交通检测位置可获取大量感知数据，即交通检测数据集由多种检测源的数据组成，假设有 k 个数据源，每个数据源均通过多个交通参数对检测对象进行描述，则每个时段均能得到一组多源感知数据。因而为清晰描述交通检测数据集，给出其数据实体定义。

每个交通检测器采集数据实体描述为

$\{date, t, DetectorID, parameter_1, parameter_2, parameter_3, F\}$

其中，date 表示检测数据采集日期，t 表示检测数据采集时刻，DetectorID 表示检测器代码，$parameter_i$ 表示该检测器中第 i 个交通参数（交通检测器可以获取的交通参量比较多，为多源分析一致性，一般直接选取 3 种，因而 $i=1$，2，3），F 表示交通数据校验结果。

交通检测器的数据多源属性实体描述为

$\{date, t, linkID, DetectorID, parameter_{1,1}, parameter_{1,2}, parameter_{1,3},$ $parameter_{2,1}, parameter_{2,2}, parameter_{2,3}, \cdots, parameter_{k,1}, parameter_{k,2},$ $parameter_{k,3}, F\}$

其中，date 表示检测数据采集日期，t 表示检测数据采集时刻，linkID 表示检测截面编号，DetectorID 表示检测器代码，$parameter_{i,j}$ 表示检测截面的第 i 个交通检测源的第 j 个交通参数（$j=1$，2，3），k 表示检测截面多源检测源数目，F 表示交通数据校验结果。

实际城市交通检测数据的预处理应用中，通常待处理的是三种检测器（包括感应线圈检测器、地磁检测器和卡口视频检测器）的交通检测数据集，而基于 GPS 位置定位的移动型交通检测器由于不能直接获取交通参量，因此本章不考虑移动型交通检测数据。下面针对三种交通检测，给出具体的多源交通检测数据校验的数据集描述。

交通检测器数据多源属性实体描述为

$\{date, t, linkID, DetectorID, q_C, v_C o_C, q_U, v_U o_U, q_T, v_T o_T, F\}$

其中，设校验数据采集采集日期为 date，采集时刻为 t 时，linkID 表示检测截面编号，DetectorID 表示检测器代码，检测器获取得到交通流量数据表示为 q，地点平均速度数据表示为 v，时间占有率数据表示为 o，则选择属性分别对应：感应线圈得到交通流量 q_C，感应线圈得到地点平均速度 v_C，感应线圈得到时间占有率 o_C，地磁得到交通流量 q_U，地磁得到地点平均速度 v_U，地磁得到时间占有率 o_U，卡口数据交通流量 q_T，卡口数据地点平均速度 v_T，卡口数据时间占有率 o_T。

根据上述交通数据属性，确定交通检测数据特征空间 **X** 的特征数为 10。从多源交通数据集中，提取自变量数据集合 **X** 和数据变量 **Y** 的矩阵描述如下公式（3.1）和公式（3.2）所示。

$$\boldsymbol{X} = \begin{bmatrix} x_1 & x_2 & \cdots & x_{10} \end{bmatrix} = \begin{bmatrix} t_1 & q_{C1} & v_{C1} & o_{C1} & q_{U14} & v_{U1} & o_{U1} & q_{T1} & v_{T1} & o_{T1} \\ t_2 & q_{C2} & v_{C2} & o_{C2} & q_{U2} & v_{U2} & o_{U2} & q_{T2} & v_{T2} & o_{T2} \\ \cdots & \cdots & \cdots & \cdots & \cdots & \cdots & \cdots & \cdots & \cdots & \cdots \\ t_n & q_{Cn} & v_{Cn} & o_{Cn} & q_{Un} & v_{Un} & o_{Un} & q_{Tn} & v_{Tn} & o_{Tn} \end{bmatrix} \quad (3.1)$$

其中，x_i 为一组提取的数据单元（i 为特征数，$i=1, 2, 3, \cdots, 10$）；n 为选择输入样本的样本数目。

$$\boldsymbol{Y} = \begin{bmatrix} y_1 \\ y_2 \\ \vdots \\ y_n \end{bmatrix} = \begin{bmatrix} F_1 \\ F_2 \\ \vdots \\ F_n \end{bmatrix} \quad (3.2)$$

其中，$y_i \in \{-1, +1\}$，为对应数据分类的结果，$i=1, 2, \cdots, n$，表示由检测数据集评判的数据信息为正常数据或是离群数据的判决标签。

3.3.3　AdaBoost 的分类方法

AdaBoost 分类器是机器学习中比较流行的分类算法，在给定特征空间 **X** 和两份可能分类标识 $y \in \{-1, +1\}$，AdaBoost 的核心思想是针对同一个训练集训练不同的弱分类器 $h_t(x)$（其中 $x \in \boldsymbol{X}$），然后组合这些弱分类器形成强分类器 $H(x)$，分类器 $H(x) = \text{sign}(f(x)) = \text{sign}(\sum_{t=1}^{T} \alpha_t h_t(x))$。

从一个包含 n 个元素训练集 $\{x_i\}$ 中每个元素分类，通过每轮弱分类器 $h_t(x)$ 分类后结果为训练集元素分配权重 $D_t(x)$。每轮学习根据分类和权重选择最优的弱分类器 $h_t(x)$，一旦弱分类器选定即可获取通过分类标识 y_t 与

分类器结果 h_t 确定本轮的优度系数 a_t，同时根据系数 a_t 更新的权值分配 $D_t(x)$。最后通过不断迭代训练 T 次之后完成强分类器 $H(x)$ 分类过程。

模型需要整个数据集被分为两个部分：一个训练集和一组测试集，前者用于构建模型，后者用于测试模型的检测能力。首先将选定数据集随机分成训练集和测试集，并对训练集数据进行多次迭代分类；之后不断利用训练集的分类结果对训练集元素进行权重的变化；更新迭代分类中的权重系数，在有限次的训练后完成强分类的组合，其中在本章研究中弱分类器选用决策树分类器。

3.3.4 基于 AdaBoost 决策强化的多源交通检测数据校验方法

3.3.4.1 针对交通数据异常识别的改进 AdaBoost 模型

交通数据中非平衡数据的识别具有现实意义，而数据稀缺和极端值可导致 AdaBoost 分类方法性能下降，基于此问题本书提出通过在弱分类器中侧重少数类样本赋予更大的权重，避免原训练集中的少数类数据量较少，导致训练得到的决策树规则没有代表性的缺点，迫使分类器更加关注少数类样本，提高少数类样本的分类准确率，从而能够很好地解决非平衡数据集分类问题，这样就迫使最终强分类器对少数类样本具有更高的准确率。

由于 AdaBoost 算法中指数误差界没有任何直接依赖分类，所以之后的文献[140-141]主要针对分类非对称（class-conditional）直接修改权重更新规则。针对非平衡数据特性提高分类代价敏感度，可描述为

$$J(f) = E([y=1] e^{-C_P f(x_i)} + [y=-1] e^{-C_N f(x_i)}), \quad (3.3)$$

$$f(x) = \frac{1}{C_P + C_N} \log_2 \frac{C_P P(y=1|x)}{C_N P(y=-1|x)} \quad (3.4)$$

其中，C_P 和 C_N 表示对于正类和负类错误分类的代价。

为了清晰描述改进 AdaBoost 模型，给定 N 为训练集 (X, Y) 中个体数目，其中训练集每个 (x_i, y_i) 的 y_i，可表示为

$$y_i = \begin{cases} 1, & 1 \leqslant i \leqslant m \\ -1, & m < i \leqslant n \end{cases} \quad (3.5)$$

针对交通离群数据的改进 AdaBoost 模型训练过程如下。

Step 1：对原始训练集上的样本，给定每个分类初始分布为

$$D(i) = \begin{cases} \dfrac{1}{2m}, & 1 \leqslant i \leqslant m \\ \dfrac{1}{2(n-m)}, & m < i \leqslant n \end{cases} \tag{3.6}$$

Step2：初始化循环轮数 $t=1$；

Step3：计算

$$T_P = \sum_{i=1}^{m} D(i) \tag{3.7}$$

$$T_N = \sum_{i=m+1}^{n} D(i) \tag{3.8}$$

Step4：初始化分类器变量 $f=1$；

Step5：在第 f 个弱分类器 $h_f(\boldsymbol{X})$ 中计算

$$D(i) = \begin{cases} \sum_{i=1}^{m} D(i) \| y_i \neq h_f(x_i) \| \\ \sum_{i=m+1}^{n} D(i) \| y_i \neq h_f(x_i) \| \end{cases} \tag{3.9}$$

Step6：计算满足等式的 $\alpha_{t,f}$，满足的假设为

$$2C_P B \cosh(C_P \alpha_{t,f}) + 2C_N D \cosh(C_N \alpha_{t,f}) = C_1 T_P e^{-C_P \alpha_{t,f}} + C_2 T_N e^{-C_N \alpha_{t,f}} \tag{3.10}$$

Step7：计算弱学习器的损失为

$$L_{t,f} = B(e^{C_P \alpha_{t,f}} - e^{-C_P \alpha_{t,f}}) + T_P e^{-C_P \alpha_{t,f}} \\ + D(e^{C_N \alpha_{t,f}} - e^{-C_N \alpha_{t,f}}) + T_N e^{-C_N \alpha_{t,f}} \tag{3.11}$$

其中，C_P 和 C_N 为代价参数。

Step8：累计 $f = f+1$，若 $f \leqslant F$，则重复 Step5；

Step9：在本轮中比较得到最小损失的弱分类器 $(h_t(X), \alpha_t(X))$ 为 $\underset{f}{\arg\min}[L_{t,f}]$；

Step10：更新 $D(i)$ 权重为

$$D(i) = \begin{cases} D(i) e^{-C_P \alpha_t h_t(X_i)}, & 1 \leqslant i \leqslant m \\ D(i) e^{C_N \alpha_t h_t(X_i)}, & m < i \leqslant n \end{cases} \tag{3.12}$$

Step11：累计 $t = t+1$，若 $t \leqslant T$，则重复 Step3；

Step12：确定的分类器为

$$H(x) = \text{sign}(f(x)) = \text{sign}\Big(\sum_{t=1}^{T} \alpha_t h_t(x)\Big) \tag{3.13}$$

其中，$h_t(x)$ 为弱分类器联合。

3.3.4.2 改进 AdaBoost 模型的特点

针对交通检测数据中非平衡的离群数据剥离数据集的问题，本节提出了具有针对性的交通检测数据异常识别模型。该改进模型保留原始 AdaBoost 算法中训练加权优势；另外模型引入代价敏感方法来强化非平衡特性，改进的 AdaBoost 的决策过程。本模型避免了非平衡检测数据导致的分类性能下降的问题。本模型是以非均衡的高速公路交通数据样本集为研究的出发点，方法对检测数据集有一定的限制，进一步的研究重点将集中在改善方法的局限性方面。

3.3.4.3 AdaBoost 决策强化模型的实证应用分析

为了评价所提出 AdaBoost 决策强化模型交通数据校验的效果，本节进行了实例验证和对比分析。首先，从实际交通检测数据描述出发，从整体上描述可获取的交通检测数据集的统计特征；然后，为全面测试 AdaBoost 决策强化模型的性能，给出两种对比实验方案；最后，根据对应方案为 AdaBoost 决策强化模型确定参量，并在每种实验方案中比较多种算法的性能指标。

1. 实例数据描述

为了检验改进 AdaBoost 模型的实际应用性能，首先对提出的模型和相关经典算法在随概率代价函数变化下各个指标进行对比，指标包括检测准确度、误检率、误警率和标准期望代价等。研究选取了山东高速公路检测数据集中 2014 年 11 月 05 日 13 个监测点的感应线圈数据、地磁数据和卡口数字化处理后数据进行检测器数据异常识别，采集数据集的特征描述如表 3.1 所示。

表 3.1 采集数据集的特征描述

数据集	数据属性	样本数	离群样本数	正常样本数	原始不平衡率/%
济北站数据集	线圈数据	4 824	182	4 642	3.921
	地磁数据	6 399	443	5 956	7.452
	卡口数据	10 870	659	9 619	6.851
高唐站数据集	线圈数据	5 013	198	4 762	3.949
	地磁数据	6 512	531	5 972	8.154
	卡口数据	11 194	625	10 478	5.583

2. 实验方案设计

在评价模型功能性能时，选用常用的分类指标检测准确度（Acc）、检出率（detection rate，DR）、误检率（false positive rate，FPR）、查准率（precision rate，PR）等指标来衡量[52]，相关定义如公式（3.12）、公式（3.13）、公式（3.14）和公式（3.15）所示。根据对应交通数据的含义，给出公式中参数的说明，即 CN 表示检测出的交通离群样本数目；EG 表示未检测出的交通离群样本数目；CG 表示检测出的一般交通样本数目；EN 表示未检测出的一般交通样本数目。

$$Acc = \frac{CN+CG}{CN+CG+EN+EG} \quad (3.14)$$

$$DR = \frac{CN}{EG+CN} \quad (3.15)$$

$$FPR = \frac{EN}{EN+CG} \quad (3.16)$$

$$PR = \frac{CN}{EN+CN} \quad (3.17)$$

3. 实验结果分析

本实验针对检测指标误检率、误警率、检测准确度和标准期望代价指标分析不同方法在不同高速公路检测数据集的检验效果。比较济北站数据集和高唐站数据集的实验结果，图 3.3 所示为基于高速公路检测数据集（济北站）

第3章 面向零阶数据张量的交通数据预处理架

在改进 AdaBoost 方法、AdaBoost 方法和 Bayes 方法中检测指标对比图，图 3.4 所示为基于高速公路检测数据集（高唐站）在改进 AdaBoost 方法、AdaBoost 方法和 Bayes 方法中检测指标对比图。图 3.3 和图 3.4 中均以概率代价函数为横坐标比较各检测指标，其中图 3.3（a）和图 3.4（a）表示误检率随概率代价函数的变化曲线，图 3.3（b）和图 3.4（b）表示误警率随概率代价函数的变化曲线，图 3.3（c）和图 3.4（c）表示分类错误率随概率代价函数的变化曲线，图 3.3（d）和图 3.4（d）表示标准期望代价随概率代价函数的变化曲线。

(a) 误检率与概率代价函数关系曲线

(b) 误警率与概率代价函数关系曲线

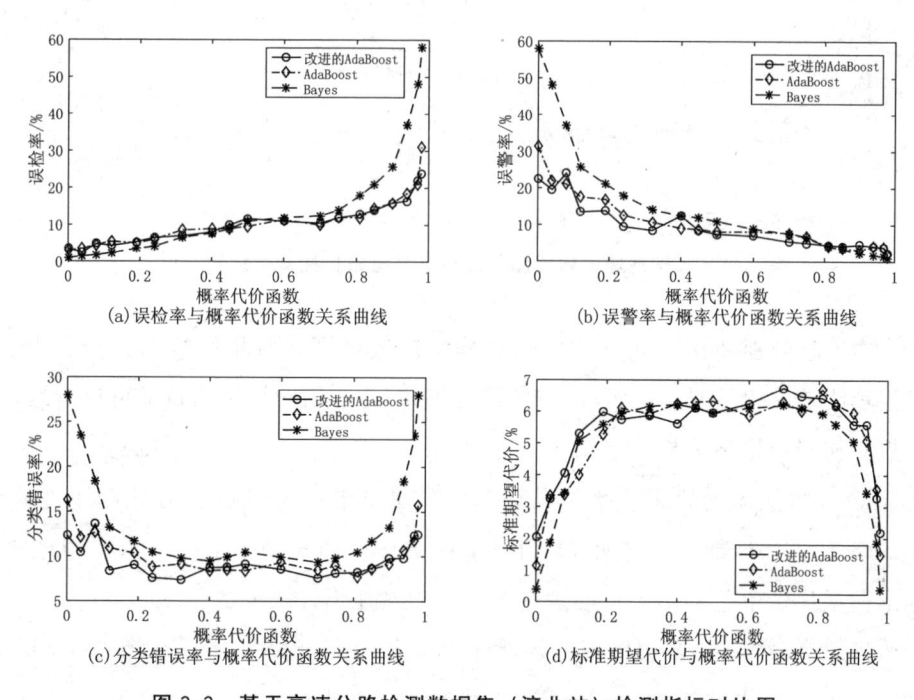

(c) 分类错误率与概率代价函数关系曲线

(d) 标准期望代价与概率代价函数关系曲线

图 3.3 基于高速公路检测数据集（济北站）检测指标对比图

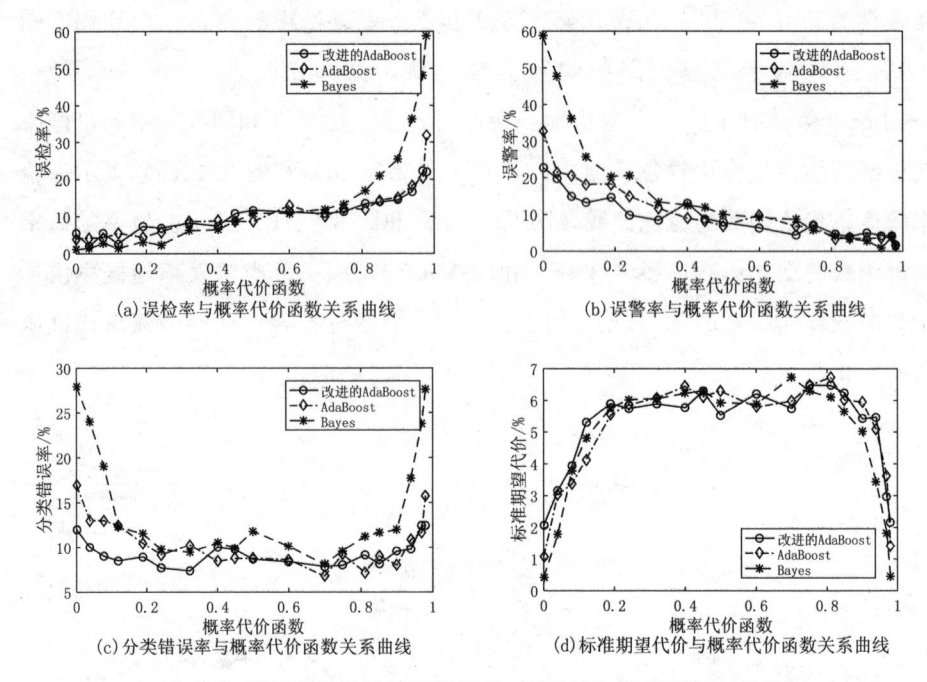

图 3.4 基于高速公路检测数据集（高唐站）检测指标对比图

  本实验分别使用不同方式的训练构造决策规则，对相同数据集分类中，不同算法效果相差明显；而对于不同数据集综合，相同算法的特征可以延续。首先对相同数据集分析，在图 3.3 对比 Bayes 方法、AdaBoost 方法和改进的 AdaBoost 方法体现的误检率和误警率指标曲线中，AdaBoost 方法和改进的 AdaBoost 方法性能接近并明显优于 Bayes 方法，而三种方法在图 3.3（d）的标准期望代价中差别不大。同理在图 3.4 中对比 Bayes 方法、AdaBoost 方法和改进的 AdaBoost 方法体现的误检率和误警率指标曲线中，在图 3.4（b）和图 3.4（c）中改进的 AdaBoost 方法略优于 AdaBoost 方法，并明显优于 Bayes 方法，而三种方法在图 3.4（d）的准期望代价中差别不大。另一方面，综合两组数据指标曲线可以发现，对图 3.3 和图 3.4 实例验证的检测数据集，随着数据集规模的加大，改进的 AdaBoost 方法在错误分类率、误检率两个指标上优于 AdaBoost 方法，前者比后者平均低 5.547% 和 6.792%。其原因是分类样本的比例不均衡，AdaBoost 侧重考虑非均衡的数据特性，被错误分类的离群数据降低了检出率值，而改进的 AdaBoost 算法整体的误检率降低，充分体现了算法中引入代价参数针对性地提高了检测准确性。

另外，研究通过 ROC 曲线表征比较各类方法的检测性能，图 3.5 采用 ROC 曲线全面评价各类识别方法的优劣，以误检率为横轴，以检出率为纵轴，从曲线变化可以看出改进的 AdaBoost 方法明显优于其他算法，ROC 曲线比较更为直观全面。

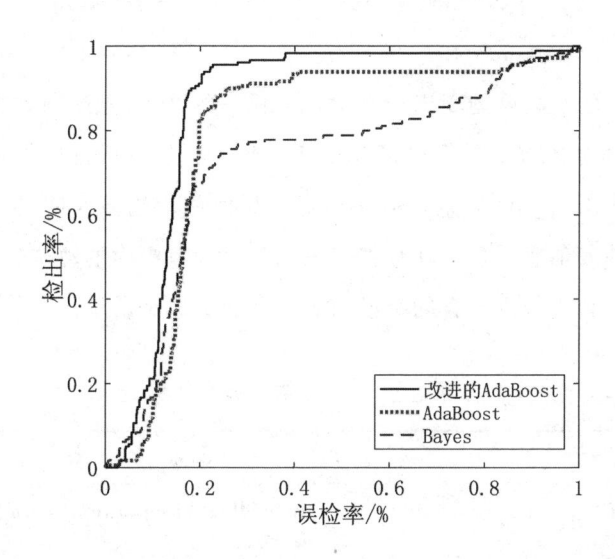

图 3.5　改进的 AdaBoost 模型与其他算法的 ROC 曲线图

从交通数据的预处理方法全面性考虑，除了针对城市交通数据的校验还应该考虑交通数据的修复，但实际无论使用何种方法来修复数据也不是真实的，因而本书在完成校验之后对筛查出的数据进行删除且不做任何修复处理。在下一节的研究中，结合多源交通检测设备共同提取交通数据的实际情况，为获取唯一体现交通状态的数据信息，利用多源数据的相互补充和融合实现交通数据提取。

3.4　基于网约车数据的移动型交通数据预处理

3.4.1　网约车 GPS 数据描述

随着移动互联网的飞速发展和经济的蓬勃增长，国民出行方式更加多元化，网约车已逐渐成为国民出行的一种选择。每次乘客使用网约车都会产生出行数据，其中可能包括出发和到达地点、出行时间、行程总时间等信息。本书使用滴滴出行平台提供的成都地区订单数据，滴滴出行是目前全球最大的共享出行平台，年活跃用户和日均交易量均位居全球首位[51]。因此，利用该数据集对网约车需求进行预测具有一定的研究价值。

该数据集是成都二环局部区域2016年11月1日至2016年11月30日的打车脱敏数据集。分布范围为 [30.727 18，104.043 333]，[30.726 490，104.129 076]，[30.655 191，104.129 591]，[30.652 828，104.042 102]；数据集内包含的每日网约车出行订单量，最高约26万条出行数据，平均每日的出行订单量为23.55万条左右，共有约710万条出行订单数据。订单记录包括了网约车出行OD信息，包含出行开始时间、结束时间、上车经纬度位置、下车经纬度信息。包含在数据范围内和时间范围内的轨迹数据都以2～4s的精度显示。轨迹数据包含的字段如表3.2和表3.3所示。

表 3.2 订单数据字段信息表

字段	类型	示例	备注
订单 ID	String	Ashuidhigfdiusigiuiwew	做脱敏处理
当前时间戳	String	1501581031	Unix 时间戳
当前经度	Float	104.112 25	GCJ-02 坐标系
当前纬度	Float	30.667 03	GCJ-02 坐标系

表 3.3 订单数据示例

订单 ID	起点时间戳	终点时间戳	起始经度	起始纬度	结束经度	结束纬度
5afb00d45c59155a1a825e0fa	1478590716	1478592194	104.006 889	30.720 629	104.072 85	30.666 72
825cb30c7f9b1eed32520da4c	1478584122	1478585026	104.068 085	30.763 485	104.032 01	30.718 26
9cf55f8e6e02a1e0f792df06e5	1478004952	1478006217	104.019 7	30.689 01	104.105 3	30.663 95

3.4.2 异常数据检测

由原始数据的特征可知，原始数据中包含错误信息且不能直接使用。因此首先对数据进行预处理，以提高数据的质量以及方便后续的使用。对数据

第3章 面向零阶数据张量的交通数据预处理架

预处理的方式包括对异常数据的识别以及坐标转换和归一化处理,为后续的区域点聚类以及网约车需求预测等奠定数据基础。

为保证研究的严谨性,本小节从现实逻辑出发,从网约车的接单状况下的行驶距离、行驶时间、行驶区域进行异常数据筛选,对异常数据设定筛选阈值,对数据进行异常值剔除。所设定的异常订单为如下几种情形:

(1) 对一条订单记录的数据起终点的欧式距离进行判定。将距离过小的数据判定为异常数据,异常距离的设定值为300m。

(2) 对一条订单记录的数据起终点的时间进行判定。将运行时间过短的数据判定为异常数据,异常时间的设定为小于3min或大于2h。

(3) 对一条订单记录的数据的运行经纬度进行判定。将运行过程中经纬度不在研究区域内的数据判定为异常数据。

删除异常订单数据有利于减少数据的冗余程度,提高所研究数据的准确性。

3.4.3 数据规范化处理

数据的规范化处理主要包括坐标转换和数据归一化处理。坐标转换可消除原始数据带来的实际位置偏移。数据归一化处理可使预处理的数据被限定在一定的范围内。

1. 坐标转换

原始数据的经纬度采用的是GCJ-02坐标系(火星坐标系),为了与地图更好地匹配以及研究分析的准确性,需要将网约车订单数据转换成WGS84坐标系(1984大地坐标系)。其过程主要分为两步:首先将火星坐标系转换为wGS84坐标系,然后将WGS84坐标系转换为投影坐标系。转换前后的数据对比示例如表3.4所示。

表 3.4 WGS84 坐标转换结果

订单 ID	经度(GCJ-02)	纬度(GCJ-02)	经度(WGS84)	经度(WGS84)
订单示例 1	104.094 64	30.703 971	104.092 097	30.706 348
订单示例 2	104.076 509	30.767 43	104.073 979	30.769 785

2. 归一化处理

为了增强计算效率和模型稳定性,需要对输入变量进行归一化处理。数据归一化处理是通过一定的计算方法对模型输入变量进行比例缩放,使得缩放后的数据范围在特定的区间内。课题采用 min-max 标准化方法进行数据归一化处理,将原始数据进行放缩变换,使得变换后的数据范围均在 [0,1] 之间。具体计算方法如下:

$$x' = \frac{x - \min}{\max - \min} \qquad (3.18)$$

其中,max 表示数据的最大值;min 表示数据的最小值。

第4章 面向一阶数据张量的交通时序数据特征分析

4.1 概述

城市动态交通数据采集中，路段为交通信息检测器布设的基本单位，即断面流量和流向保持不变且几何条件保持一致的道路区段。本章将城市交通布设的固定交通检测器中采集到的交通数据为研究对象，利用复杂网络理论将交通数据时间序列转化为图形，通过可视化方法从交通数据中挖掘出管理城市交通所需的信息，了解其内部的规律，进而为缓解交通问题服务。

在交通流时间序列的复杂网络研究方法中，如何创建一个与时间序列相对应的适当的复杂网络是本章研究的核心问题。研究将多参量的交通流时间序列构建为复杂网络，并分析其在不同交通状态下的规律性和多样性。在实现交通数据可视化的过程中，交通流时间序列构造复杂网络的研究也在不断深入，通过网络化交通流时间序列并从中挖掘相应的交通特征[149-151]。绪论中已经介绍了时间序列的网络化方法在国内外的发展现状，并介绍了时间序列构建复杂网络的三种方法，分别为周期时间序列构建法、可视图法和相空间重构法。

4.2 基于可视图的多状态下时序交通流网络特征分析

时间序列的复杂网构建方法主要有可视图法、周期时间序列构建法和相空间重建法。其中后两种方法的机制是基于时间序列的相关系数完成的，所以必须估计临界阈值。实际获取的交通流时间序列不满足周期时间序列的分析要求，不适用周期时间序列构建法。而相空间重建法对于嵌入维度和时间窗参数的依赖性强，将在4.3节中给出全面的论述。结合上述考虑，本节利用可视图法构建针对交通流时间序列的复杂网络，利用复杂网络的表象对交通流时间序列重新"认识"，以复杂网络的分析方法来分析交通流时间序列的规律。

4.2.1 时序数据网络化概述

近年来，复杂网络被引入时间序列数据的可视化研究之中。时间序列网络化通过将时间序列转化为复杂网络，使其能够观察、模拟传统意义时间序列分析中不可见的现象，并提供信息与视觉交通的手段。

复杂网络源于图论的基本概念，人们为了反映事物之间的关系，用点和线构成的示意关系。复杂网络可以描述独立个体或者群体之间的相互关系，随着数据采集系统整合实际网络大数据能力的提升，该领域的研究日趋重要。复杂网络的数据集不同于监督或者无监督分类器的数据，不仅是用来训练规则（监督分类）或发现组别（无监督分类或聚类）中所使用的给定个体固定特征的测量数据，还可以用图的方式表示成为一个网络，生成网络后之后，部分与结构相关的属性都突显出来，如异常节点、显著边、异常边、有影响力的节点和节点聚集结构等，具有较强的应用价值。

在基于真实网络的复杂网络研究中，统计特征一直被广泛关注，以下为本章分析交通流时间序列网络的统计特征评价属性。

（1）度及其度分布（degree and its distribution）：一个节点v_i的度是指与该节点连接的边的数量，网络的度分布一般用$p(k)$来表示，是网络中的任一个节点的度为k的概率。在无向网络中是指序列$f_1, f_2, \cdots, f_d, \cdots$，其中$f_d$是指度为$d$的节点数占比。节点度分布以幂率分布最为常见，幂率分布公式如下。

$$f_d \propto d^{-a} \tag{4.1}$$

（2）聚类系数（clustering coefficient）：该统计量反映网络集团化程度，一个节点的聚类系数表示为与该节点相连的边数与最大可能边数的比值。节点v_i的聚类系数定义如公式（4.2），整个网络的聚类系数定义为网络中每个节点的聚类系数均值如公式（4.3）所示，其中k_{v_i}个节点为节点v_i的邻接节

第4章 面向一阶数据张量的交通时序数据特征分析

点，节点 v_i 的 k_{v_i} 个邻接节点之间实际存在的边数为 E_i。

$$C_i = \frac{E_i}{\frac{1}{2}k_{v_i}(k_{v_i}-1)} \tag{4.2}$$

$$C = \frac{1}{n}\sum_{i=1}^{n}\frac{E_i}{\frac{1}{2}k_{v_i}(k_{v_i}-1)} \tag{4.3}$$

（3）网络直径（network diameter）：网络中任何两个节点 v_i 和 v_j 之间的距离 $d_{i,j}$，表示从其中一个节点出发到达另一个节点所要经过的连接边的最少数目。网络直径为网络中任意两个节点之间距离的最大值，如公式（4.4）所示。

$$D = \max_{i,j}\{d_{i,j}\} \tag{4.4}$$

（4）平均路径长度（average path length）：网络中所有节点对之间距离的平均值，即公式（4.5），其中 n 为网络节点数据。l 通常非常小，远小于网络中节点的数目。另一与此相关的测度为调和均值，具体定义如公式（4.6）所示。

$$l = \frac{1}{\frac{1}{2}n(n+1)}\sum_{i\geqslant j}d_{ij} \tag{4.5}$$

$$l^{-1} = \frac{1}{\frac{1}{2}n(n+1)}\sum_{i\geqslant j}d_{ij}^{-1} \tag{4.6}$$

（5）网络密度（network density）：一个网络中各节点之间网络的紧密程度。网络密度定义如公式（4.7），其中 E 为网络中实际拥有的连接边数。网络密度的取值范围 [0，1]，实际网络中能够发现的最大密度值是 0.5。

$$\rho = \frac{2E}{n(n-1)} \tag{4.7}$$

（6）模块化度量值（modularity measure）：衡量网络社区划分优劣的评价指标，其实质是指一个网络在某种社区划分下与随机网络的差异，因为随机网络并不具有社团结构，对应的差异越大说明该网络所包含的社团结构越明显，如公式（4.8）所示，其中 E 为网络中实际拥有的连接边数，A 是网络对应的邻接矩阵，$A_{ij}=1$ 代表节点 v_i 和 v_j 之间存在连接边，否则不存在连边。k_{v_i} 为节点 v_i 的度数，S_i 为节点 v_i 属于某个社区的标号，而 $\delta(S_i，S_j)=1$ 当且仅当 $S_i=S_j$。

$$Q=\frac{1}{2E}\sum_{i,j}(A_{ij}-k_{v_i}k_{v_j}/(2E))\delta(S_i，S_j) \tag{4.8}$$

4.2.2 基于聚类分析的交通状态识别

4.2.2.1 k-中心点方法聚类思想

为分析交通流时间序列的特征，研究实际数据发现交通状态不同对交通流参量时间序列幅度变化有相应的影响。考虑到这种影响，首先利用聚类分析方法对交通流分类，研究选用 k-中心点方法（k-medoids）方法进行交通状态的聚类分析。k-medoids 是一种常用的聚类方法，实质上是对常见的 k-均值方法（k-means）的优化和改进。在 k-means 中，异常数据对其方法过程会有较大的影响。在 k-means 执行过程中，可以通过随机的方式选择初始质心，也只有初始时通过随机方式产生的质心才是实际需要聚簇集合的中心点，而后面通过不断迭代产生的新的质心，很可能并不是在聚簇中的点。如果某些异常点距离质心相对较大时，很可能导致重新计算得到的质心偏离了聚簇的真实中心。k-medoids 对属性类型没有局限性，且鲁棒性强[232-233]。它通过簇内主要点的位置来确定选择中心点，对孤立点和噪声数据的敏感性小，被应用到了很多领域[234-235]。

k-medoids 主要是以替换方式修正聚类，根据设定选择 k 个元素为各类的代表元，其他元素选择邻近的代表元归类。通过代价函数来估算聚类效果，反复替换代表元实现聚类最优，代价函数如下：

$$w(l)=\sum_{j=1}^{k}\sum_{d\in \text{Cluster}_j}|d-P_i|^2 \tag{4.9}$$

其中，d 为类 Cluster_j 中的样本，P_i 为聚类中心，l 为重复次数。

为了判断一个非代表元 P_{random} 是否是当前一个代表元 P_j 的好的替代，有图 4.1 所示的四种情况。

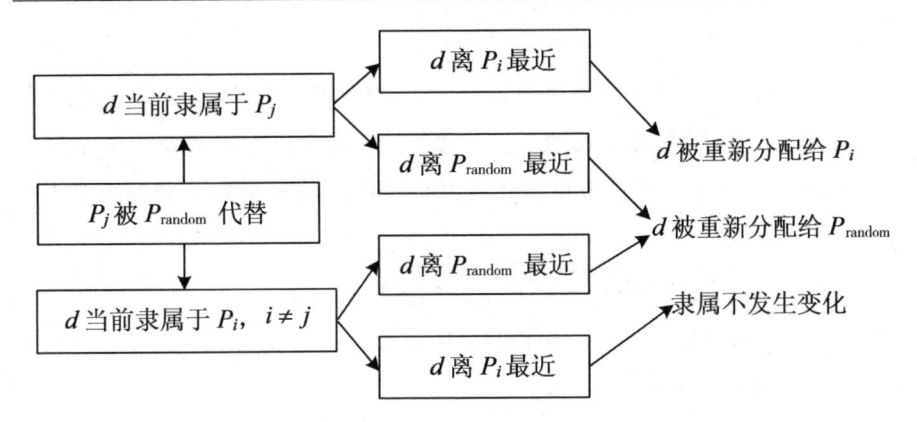

第4章 面向一阶数据张量的交通时序数据特征分析

图4.1 k-medoids方法中替换代表元情况图

k-means方法的取值范围可以是连续空间中的任意值,而k-medoids方法的取值却只能是数据样本范围中的样本,这就造成k-means对于数据样本的要求太高,要求所有数据样本处在一个欧式空间中,对于有很多噪声的数据就会造成极大的误差。同时对于非数值型数据样本,不能计算平均值等实数型变量。k-medoids方法控制聚类方法是由计算距离之和最小的点而实现,聚类划分更加符合实际状态。

考虑到上述k-means方法和k-medoids方法两种聚类方法的优缺点,结合实际数据集数据特征,研究选用clustering LARge applications(CLARA)算法进行交通状态聚类识别,CLARA算法是对采用k-medoids基本思想的partitioning around medoids(PAM)算法的改进,利用抽取多个样本数据集,多次聚类以寻求最优输出,弥补PAM算法对大数据集的应用缺陷。

4.2.2.2 基于CLARA的交通状态聚类

交通流时间序列是经典的多变量时间序列之一,通常包含三个传统变量的时间序列:交通流量的时间序列,占用率的时间序列和平均速度的时间序列。考虑到这三个变量之间的相关性,本节对流量状态进行量化和分类,针对不同状态结果的时间序列分析其对应特征。根据宏观基本图的理论,不同交通状态下的交通流量、占有率和速度之间存在着相应的关联。为了进一步研讨不同交通流状态下交通流时间序列的特征,根据《城市道路交通拥堵评价指标体系》中给出的道路中路段拥堵等级将数据分为5个等级。本节采用

k-medoids 对输入样本进行分类，包括向量 $\boldsymbol{x}_i = (x_{i1}, x_{i,2}, \cdots, x_{i,j})$，$j = 1, 2, 3$，其中 j 表示样本数据数目，x_{1j} 表示向量中时间占有率，x_{2j} 表示路段交通流量，x_{3j} 表示区域平均速度。从数据集中选出平方差最小的 k 个聚类中心，并将数据集划分为 k 个聚类，根据指标体系的等级划分确定聚类数 k 选取为 5。

基于 CLARA 的交通状态聚类算法的具体流程如下：

Step 1：给定采样的次数 S，并按采样次数 S 重复执行 Step2 至 Step4，l 表示已经重复执行的次数；

Step 2：随机从交通数据集 $\{(x_{11}, x_{12}, \cdots, x_{1j}), (x_{21}, x_{22}, \cdots, x_{2j}), \cdots, (x_{N,1}, x_{N2}, \cdots, x_{Nj})\}$，$j = 1, 2, 3$ 中，抽取 n 个样本作为采样数据集，调用 PAM 方法在本次采样数据集中寻找最优中心共 k 个。

Step 2.1：根据指标体系的交通状态等级划分，确定聚类的个数 $k = 5$。

Step 2.2：初始化的各采样集中 k 个聚簇的中心点。

Step 2.3：计算采样数据集中 k 个中心点到其余各点的距离，其余各点寻找最近的中心点归入其聚簇。

Step 2.4：在每个聚簇内逐一排查选定新的中心点，计算每个点到现有聚簇内所有点的距离，若该点求得的所有距离之和最小，确定其为所求。

Step 2.5：重复 Step 2.2，Step 2.3 步骤，直到各个聚簇的中心点不再改变。

Step 3：将这 k 个中心点应用在数据集 $\{(x_{11}, x_{12}, \cdots, x_{1j}), (x_{21}, x_{22}, \cdots, x_{2j}), \cdots, (x_{N1}, x_{N2}, \cdots, x_{Nj})\}$ 上，以与样本集对象距离最近为依据，将待归类对象划分到所属聚簇。

Step 4：计算 Step 3 中得到的聚类的总代价 $w(l)$，如公式（4.9）所示。若 $w(l)$ 小于 $w(l-1)$，保留在第 l 次采样中得到的 k 个中心点作为到目前为止得到的最好的代表对象的集合，即，按照平方差函数值减少的方向，更新每个簇的中心点，重复执行到聚类不再发生变化。

Step 5：返回到步骤 Step 1，开始下一个循环。

Step 6：循环结束后，输出代表对象的集合的聚类结果。

4.2.3 基于可视图的多状态划分交通流时间序列网络模型

可视图法是一种将时间序列映射到网络的方法，算法主要借助构建复杂网络的方法表征时间序列的"网络结构"。本算法是时间序列的快捷映射方法，基本思想是以时间序列的数据为图中节点，节点间连线由时间序列数值对应的直方图数值柱顶端连线确定，如图 4.2 所示。经过网络映射后，时间序列的连续节点间网络特征联系最密切，因而在网络中通过连接映射关系。另外，时间序列的坐标轴尺度变化或者仿射变换均不影响网络映射的可视性。

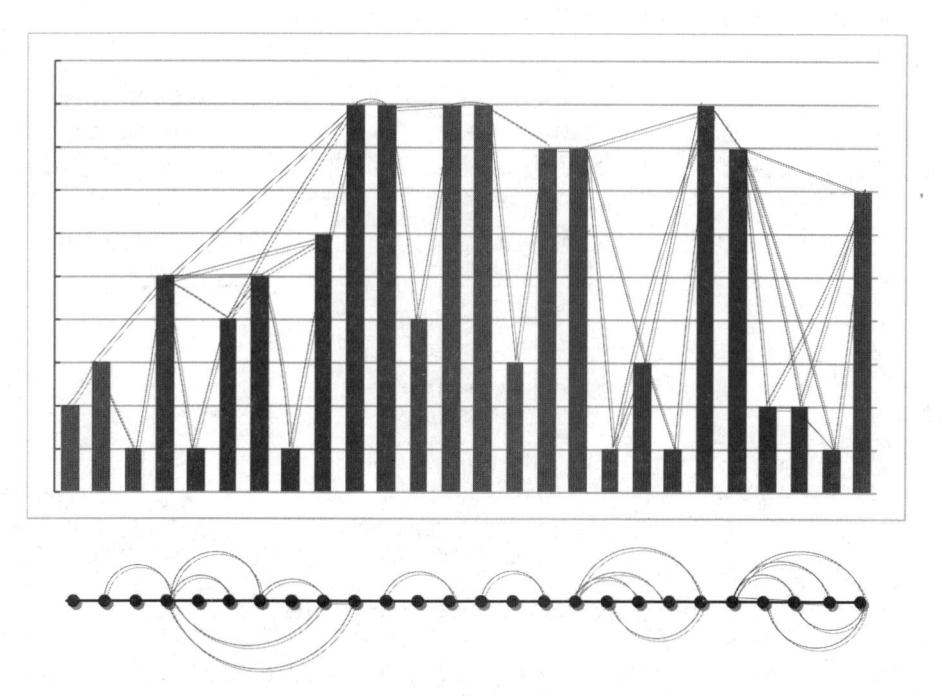

图 4.2 基于可视图的映射网络方法图

对交通流量时间序列 $\{y_Q(t_1), y_Q(t_2), y_Q(t_3), \cdots\}$、时间占有率时间序列 $\{y_O(t_1), y_O(t_2), y_O(t_3), \cdots\}$ 和区域平均速度时间序列 $\{y_V(t_1), y_V(t_2), y_V(t_3), \cdots\}$，提取每一类交通状态中三个交通参量的时间序列的柱状图，若时间序列中的两个任意数据值 $(t_a, y(t_a))$ 和 $(t_b, y(t_b))$ 之间的任何 $(t_i, y(t_i))$ $(t_a < t_i < t_b)$，使得公式（4.10）均成立，则这两个数据值 $(t_a, y(t_a))$ 和 $(t_b, y(t_b))$ 所构成的图节点间关

联关系是可见的，即在映射的关联矩阵中对应位置表示为1。

$$y(t_i) < y(t_a) + \frac{t_i - t_a}{t_b - t_a}(y(t_b) - y(t_a)) \qquad (4.10)$$

根据上述方法得到每一类交通状态下交通参量对应映射网络的邻接矩阵。对每个交通状态分类下的三个交通参量时间序列的三个邻接矩阵进行矩阵叠加，使得矩阵可以最大程度地反映交通流时间序列的关联特征。由于每个矩阵都是布尔矩阵，所以每一类交通状态对应网络的邻接矩阵为 $M = M_Q \vee M_O \vee M_V$，即以矩阵表示法得到相应构造的复杂网络。对交通流序列中三个交通参量序列构建复杂网络的流程如图4.3所示。

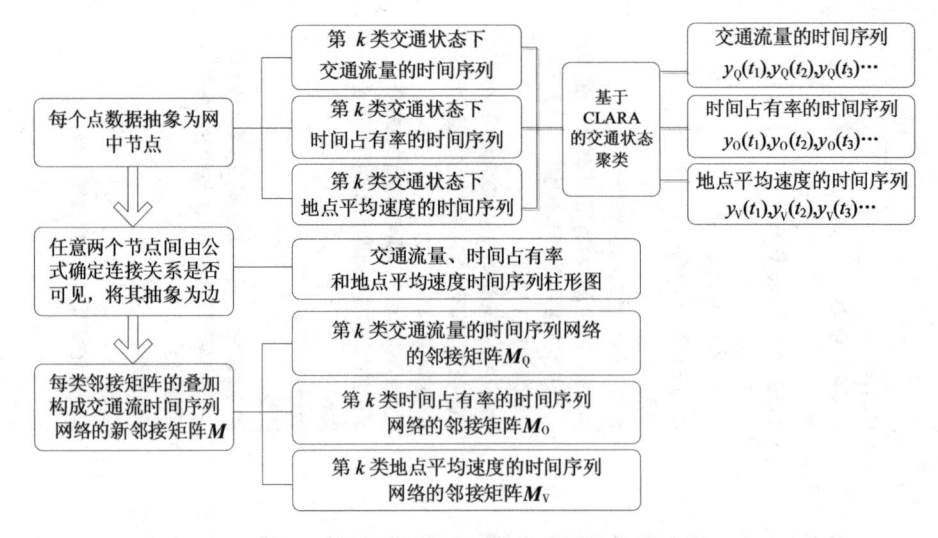

图 4.3 交通流时间序列的复杂网络构建流程

为了衡量和分析基于可视图算法构造交通流时间序列网络的特征，下面进行了实际数据的对比分析与实际网络的特征分析。首先，同样利用交通数据预处理方法对实际交通数据进行校验和融合，得到唯一表征能力的交通流时间序列。由于交通检测中涉及多源交通参量描述交通状态，3.3节已经通过相空间重构方法网络化了该数据集的时间序列，也分析了不同参量时间序列网络的特征。本节重新对不同交通状态下的时间序列进行提取，在多状态下利用可视图重新构建复杂网络，提取路段交通时间序列网络化特征。

第4章 面向一阶数据张量的交通时序数据特征分析

4.2.4 可视图重构交通流时间序列的实例应用分析
4.2.4.1 实例数据集及方案设计

实验选取数据来源依托项目提供的交通示范区数据，利用多源交通检测数据校验方法筛除异常数据，并采用多源交通检测数据融合数据之后，得到针对检测位置的多参数交通流时间序列。同样采用2015年1月24日00：00至24：00时段之内典型路段2075的多源交通检测数据（包含感应线圈检测数据、地磁检测数据和卡口视频检测数据）。这些数据集数据通过数据校验和融合后，获取得到的多交通参量流时间序列，交通数据时间单位为1min，各参量时间序列如图4.2所示。

为了分析不同交通状态下交通流特征，实验方案主要由两方面组成，第一方面是城市道路交通拥堵评价指标体系的道路等级设定，采用CLARA算法思想为实际获取的城市交通流进行划分。第二方面是利用提取交通状态划分后的各参量时间序列，在多状态下利用可视图重新构建复杂网络，提取路段交通时间序列网络化特征。

4.2.4.2 实验数据聚类分析

为了研讨不同交通流状态下交通流时间序列的特征，根据《城市道路交通拥堵评价指标体系》中给出的道路拥堵等级将数据分为5级，并采用CLARA算法对输入样本进行分类。实验样本数据集分类结果如图4.4所示，图中数据点以时间占有率、区域平均速度和实时交通流量为坐标确定样本点位置，交通流的等级划分分别标记为level1到level5，其中交通运行最畅通标记为level1；交通运行畅通标记为level2；交通运行轻重拥堵标记为level3；交通运行中度拥堵标记为level4；交通运行严重拥堵标记为level5。

为清晰表示在不同交通流状态下变量之间的关系，根据宏观基本图理论构建任意两个交通流变量之间的关系模型，并进行数据拟合。

图4.5所示为时间占有率与交通流量之间的相互关系及基于时间占有率增长的交通流量散点拟合曲线，其中数据拟合线得到 $Q = -0.023\ 4\ O^2 + 1.497\ 9O + 6.592\ 4$，其中 O 表示时间占有率数据，Q 表示交通流量，三个估计参数的置信区间为 [−0.023 99，−0.022 81]，[1.469 34，1.520 45] 和 [6.227 42，6.957 38]。

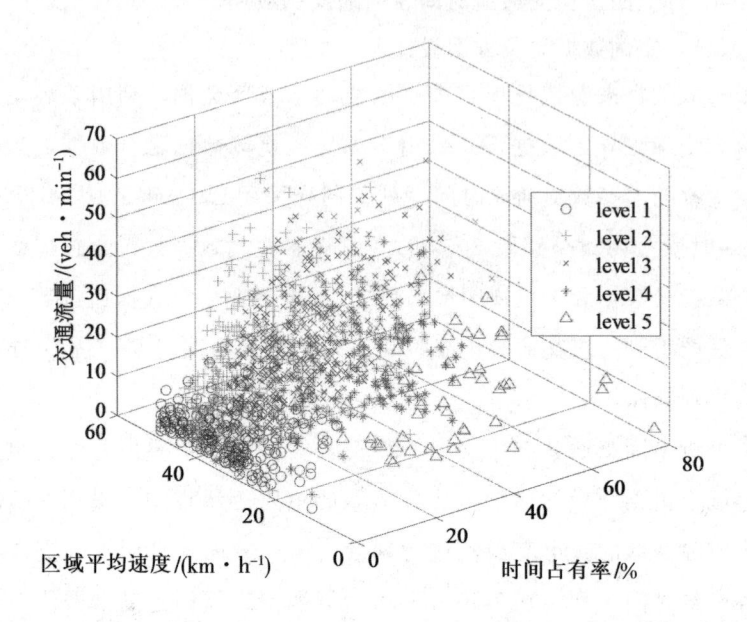

图 4.4　基于 CLARA 算法的交通流状态分类的三维数散点图

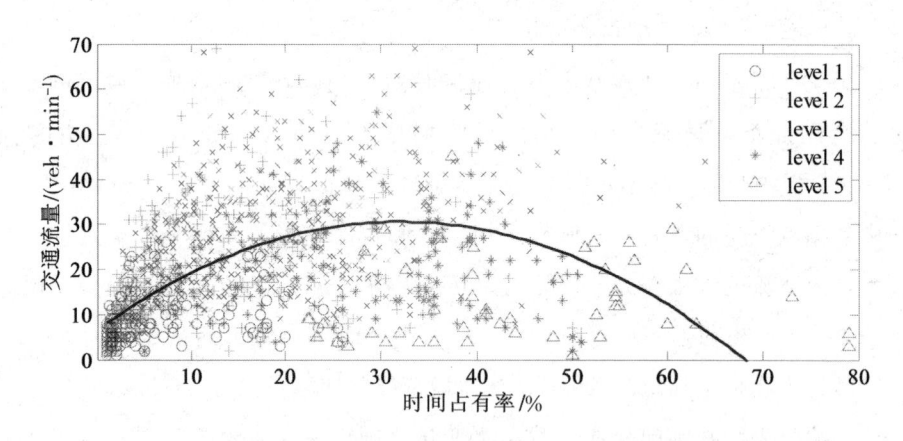

图 4.5　多交通状态分类下时间占有率与交通流量的关系散点图

图 4.6 所示为时间占有率与区域平均速度之间相互关系及基于时间占有率增长的平均速度散点拟合曲线,其中数据拟合线得到 $V=-0.0334T+33.9681$,其中,T 表示时间占有率,V 表示区域平均速度,两个估计参数的置信区间为 [$-0.035\,16$,$-0.031\,64$] 和 [$33.587\,76$,$34.348\,44$]。

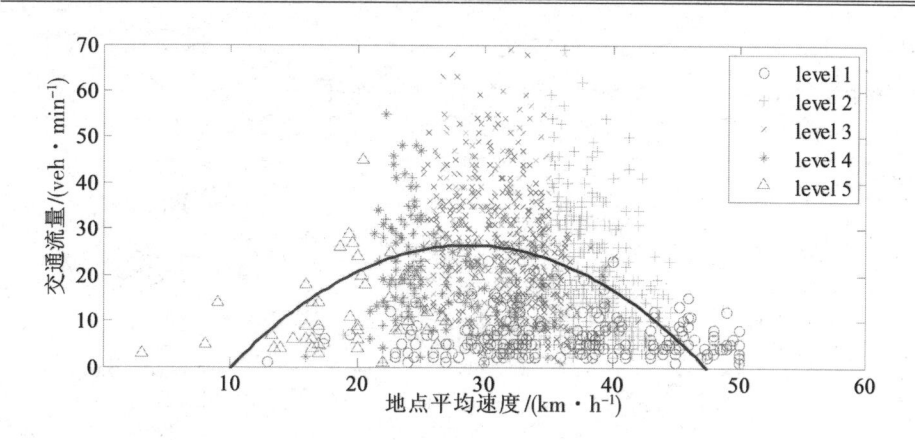

第4章 面向一阶数据张量的交通时序数据特征分析

图 4.6 多交通状态分类下时间占有率与区域平均速度

图 4.7 所示为区域平均速度与交通流量之间相互关系及基于区域平均速度增长的交通流量散点拟合曲线，数据拟合线得到 $Q = -0.028\ 1V^2 + 1.512\ 6V + 1.270\ 3$，其中，$V$ 表示区域平均速度，Q 表示交通流量，三个估计参数的置信区间为 $[-0.033\ 54, -0.022\ 65]$，$[1.117\ 43, 1.907\ 76]$ 和 $[0.463\ 10, 2.077\ 49]$，上述估计的置信度均为 95%。

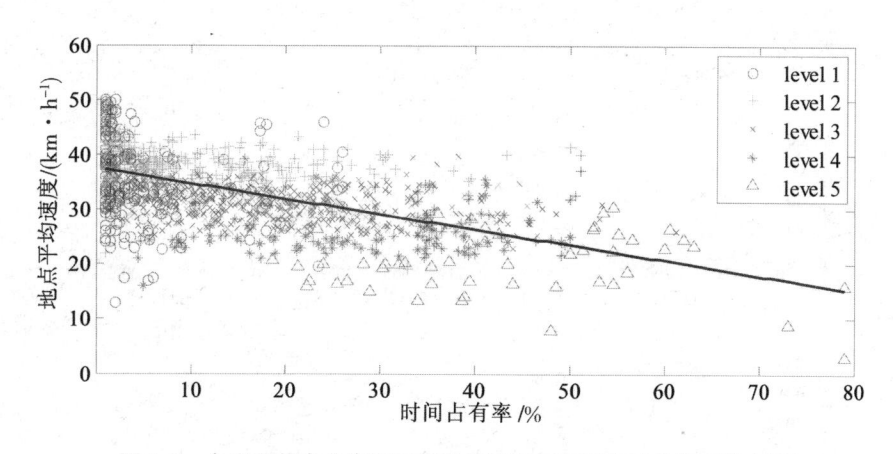

图 4.7 多交通状态分类下区域平均速度与交通流量的关系散点图

图 4.8 表示提取的 5 个级别状态划分中三个交通变量的时间序列图，I_1、I_2、I_3、I_4 和 I_5 对应交通非常畅通（level1）到交通严重拥堵（level5）交通状态下时间占有率的时间序列曲线，II_1、II_2、II_3、II_4 和 II_5 对应交通非常畅通（level1）到交通严重拥堵（level5）交通状态下交通流量的时间序列曲线，

III_1、III_2、III_3、III_4 和 III_5 对应交通非常畅通（level1）到交通严重拥堵（level5）交通状态下区域平均速度的时间序列曲线。

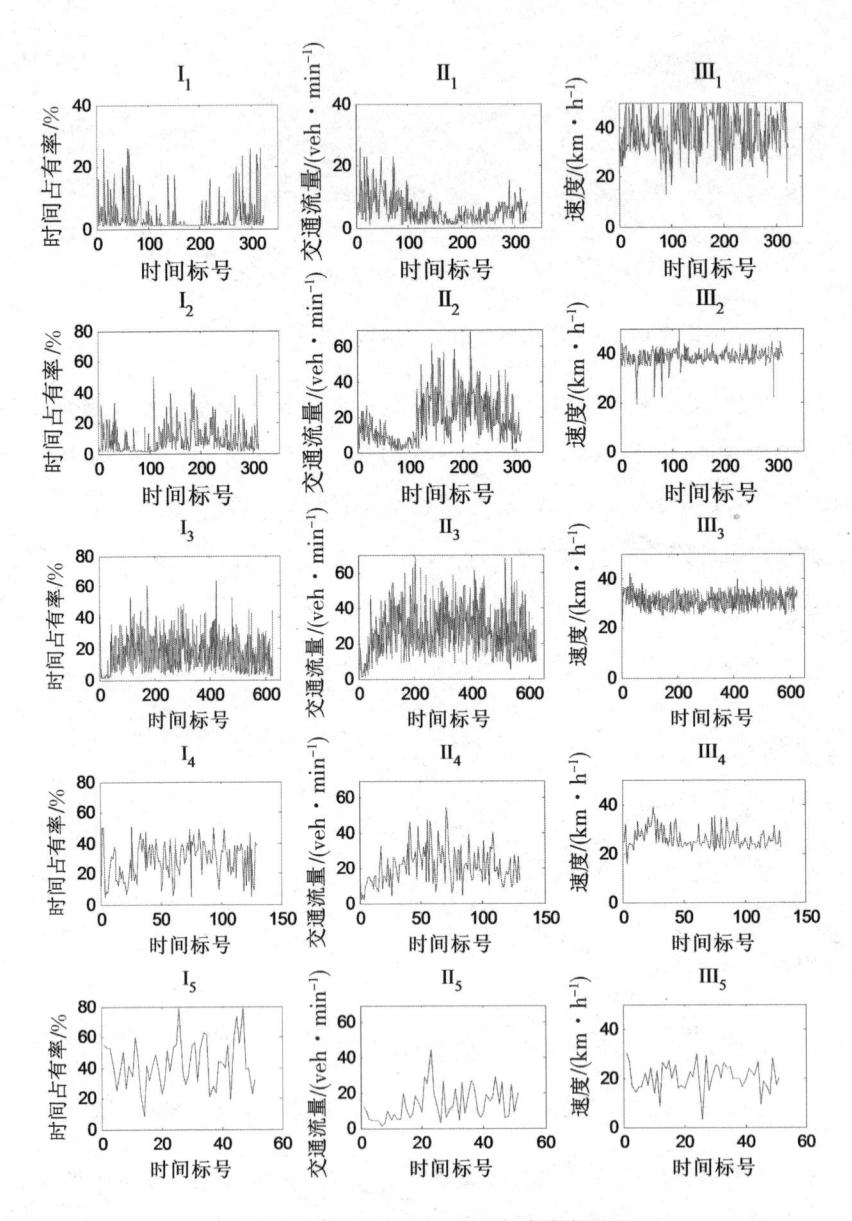

图 4.8　不同交通状态的交通参量提取图

图 4.8 的 I_1、II_1、III_1 均表示第 1 级（level1）状态下的交通非常畅通，

第4章 面向一阶数据张量的交通时序数据特征分析

从中可以发现交通流量与时间占有率变化较大，区域平均速度在 5 个级别状态中波动最大，表明在实际中车辆的数量不稳定且车辆行驶自由度较高。

图 4.8 的 I_2、II_2、III_2 均表示第 2 级（level2）状态下的交通畅通，从中可以发现交通流量与时间占有率变化自由度同 1 级相比幅度有所减小，交通参量的数值明显增大，区域平均速度保持平稳且数值较高，表明在实际中车辆的数量增多且车辆行驶状态趋于稳定。

图 4.8 的 I_3、II_3、III_3 均表示第 3 级（level3）状态下的交通轻度拥堵，此状态特点持续时间长且所有变量的值相对稳定，交通流量与时间占有率持续保持在较高位置，区域平均速度长时间保持平稳，表明在实际中车辆的数量继续增多且车辆行驶状态保持稳定。

图 4.8 的 I_4、II_4、III_4 均表示第 4 级（level4）状态下的交通中度拥堵，从中可以发现交通流量与时间占有率变化幅度同上一级相似，区域平均速度明显下降，表明实际中车辆行驶状态受阻且道路负荷呈现饱和态。

图 4.8 的 I_5、II_5、III_5 均表示第 5 级（level4）状态下的交通严重拥堵，从中可以发现交通流量与时间占有率保持相反变化状态，时间占有率明显上升而交通流量降至较低水平，区域平均速度明显下降，表明在实际中车辆行驶状态受阻严重且道路呈现过饱和态。

4.2.4.3 实验数据特征分析

利用可视图法分析实际交通数据集，对不同交通状态聚类提取交通流时间序列，将对应时间序列转变为网络形态，利用 Gephi 软件绘制网络结构图。其中，图 4.9（a）表示交通流畅通状态下网络的矩阵图，图 4.9（b）表示对应时间序列网络的复杂网络结构。图 4.10（a）表示交通流轻度拥堵状态下网络的矩阵图，图 4.10（b）表示对应时间序列网络的复杂网络结构。图 4.11（a）表示交通流中度拥堵状态下网络的矩阵图，图 4.11（b）表示对应时间序列网络的复杂网络结构。图 4.12（a）表示交通流非常畅通状态下网络的矩阵图，图 4.12（b）表示对应时间序列网络的复杂网络结构。图 4.13（a）表示交通流严重拥堵状态下网络的矩阵图，图 4.13（b）表示对应时间序列网络的复杂网络结构。

(a)

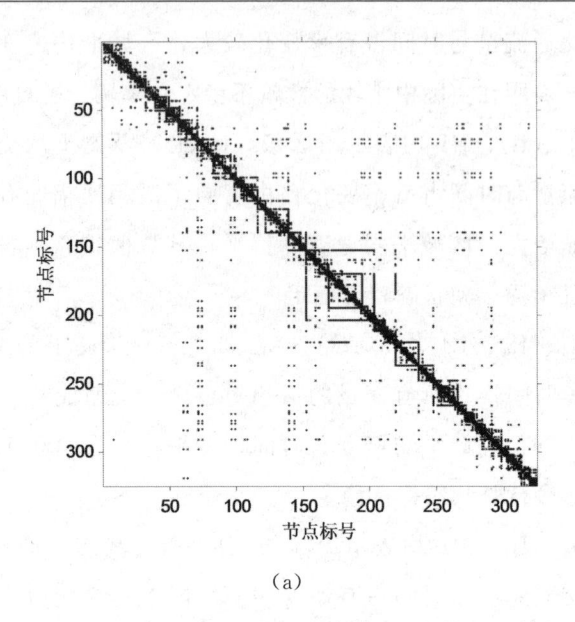

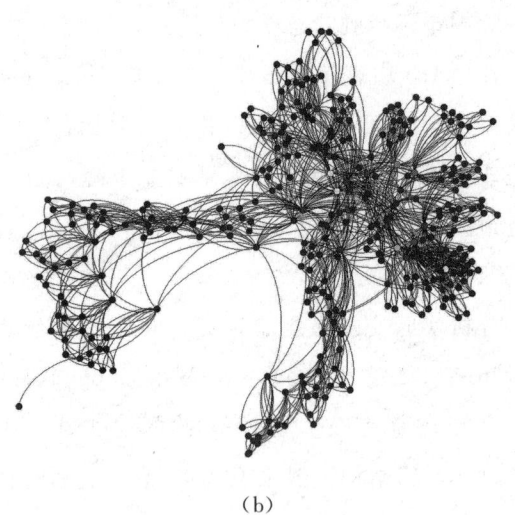

(b)

图 4.9 交通流状态 level1 对应网络的矩阵图及交通流时间序列网络

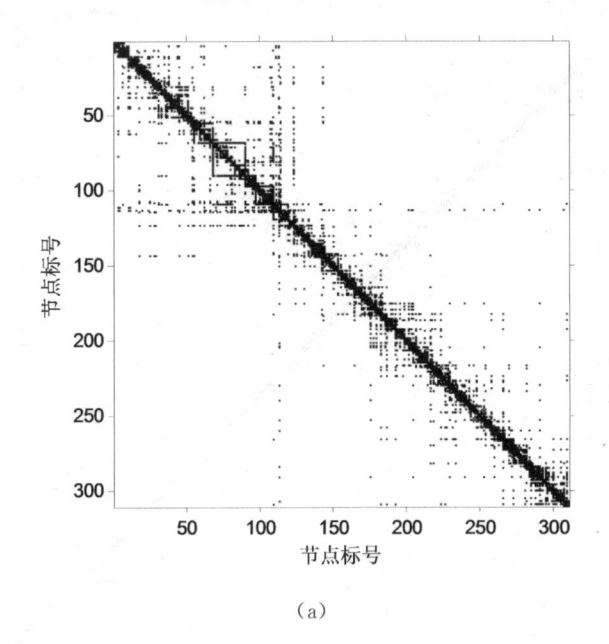

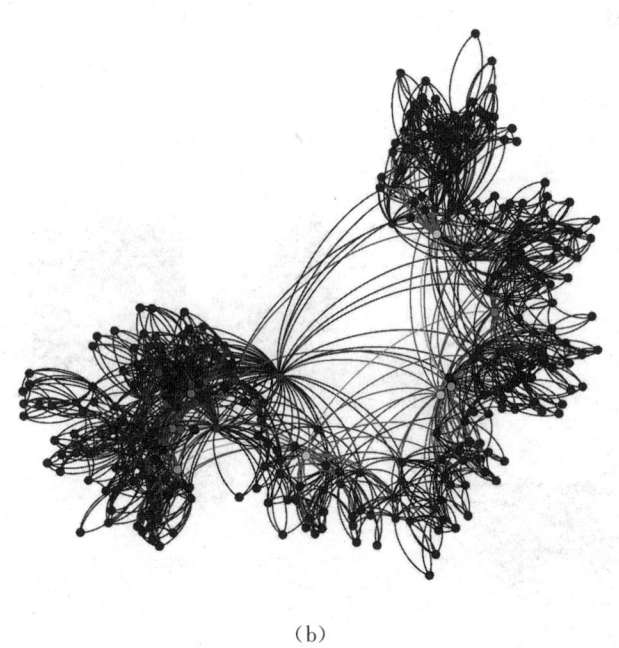

第4章　面向一阶数据张量的交通时序数据特征分析

（a）

（b）

图 4.10　交通流状态 level2 对应网络的矩阵图及交通流时间序列网络

(a)

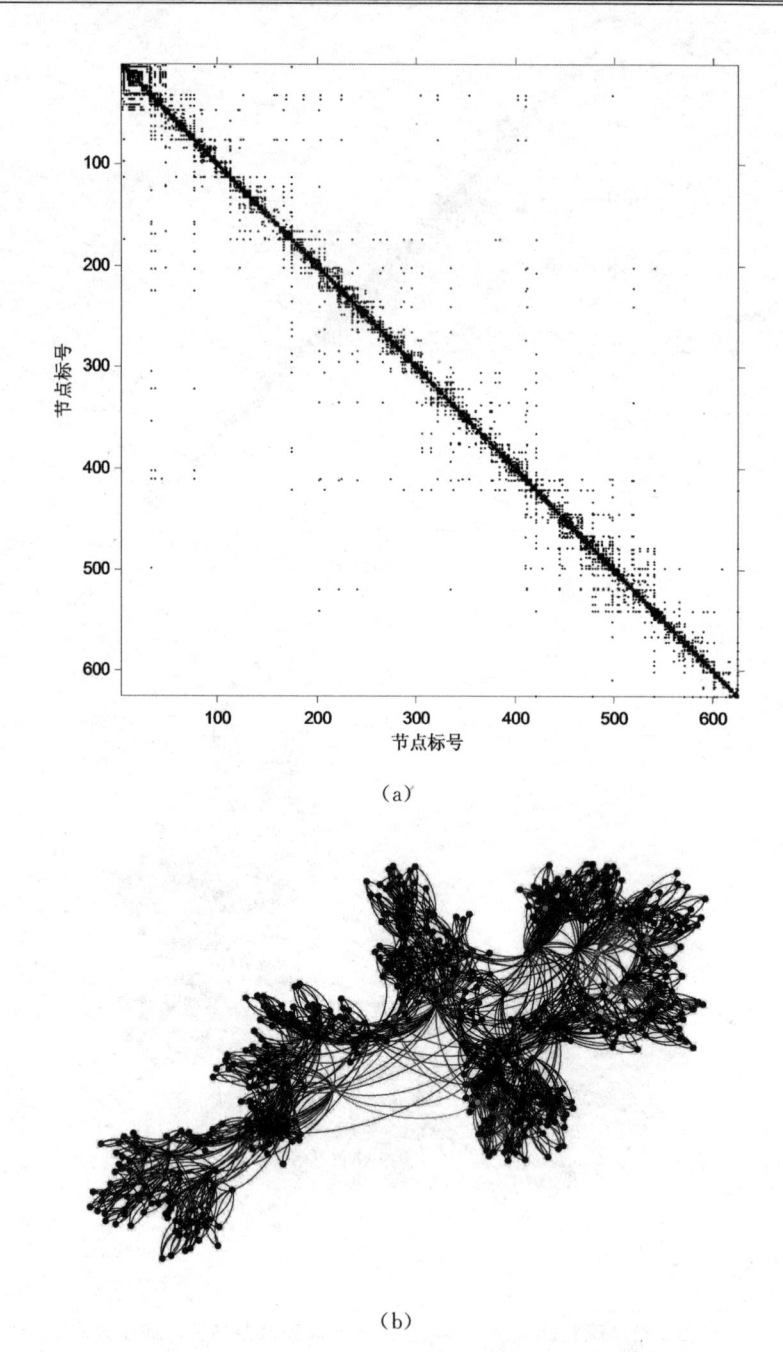

(b)

图 4.11 交通流状态 level3 对应网络的矩阵图及交通流时间序列网络

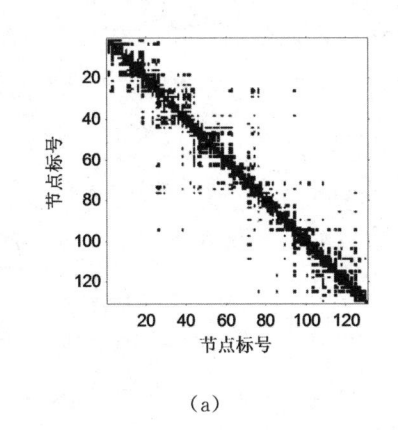

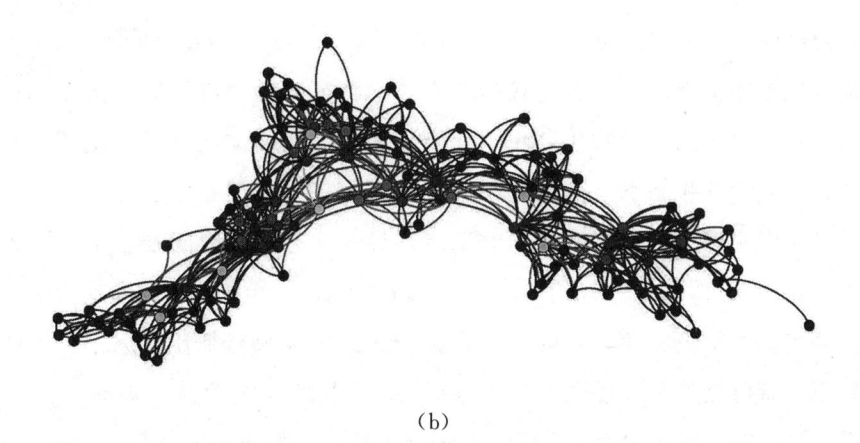

第4章 面向一阶数据张量的交通时序数据特征分析

(a)

(b)

图 4.12 交通流状态 level4 对应网络的矩阵图及交通流时间序列网络

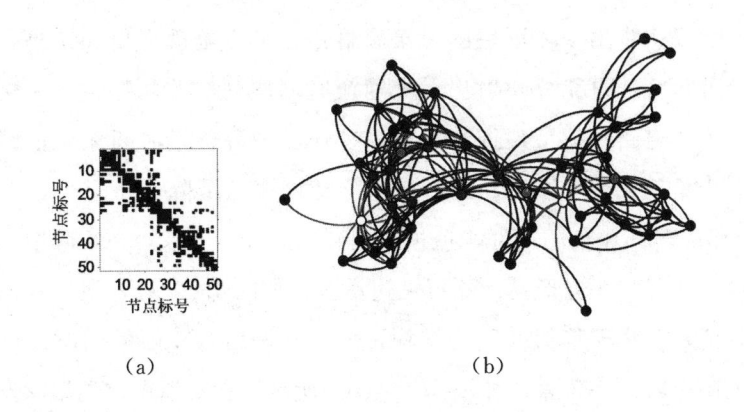

(a)   (b)

图 4.13 交通流状态 level5 对应网络的矩阵图及交通流时间序列网络

利用可视图的方法构建的网络邻接矩阵有如下特征，在交通非常畅通的状态下，交通流中各参量时间序列的变化均较大且车流自由度较大（如图4.8中I_1、II_1和III_1所示），反映在矩阵（即体现可见的边）中着色点分布呈现分散状，即沿着对角线方向重叠的大方形，如图4.9（a）所示；同样在可见图中映射出的边与节点分布较均匀，仅在个别节点处（对应时间序列的结束阶段）显现出可见边密集的情况，如图4.9（b）所示，表明在交通非常畅通的状态下，网络呈现均匀分布状态。在交通畅通的状态下，交通流中各参量时间序列的变化幅度趋缓，如图4.8中I_2、II_2和III_2所示，反映在矩阵中着色点分布呈现沿着对角线方向成形的小方形，如图4.10（a）所示；同样在可见图中映射出的边与节点分布中出现集聚的特征，如图4.11（b）所示，可见图中的集聚现象即出现彼此紧密连接的节点，其特征表示对应的原时间序列中的数据点相关性较高，且其矩阵中对应方形越小，网络的集聚特征越明显。在交通轻度拥堵的状态下，交通流中各参量时间序列处于稳定状态，在各个交通参量时间序列中均没有明显的波动点，且此状态持续时间在整个采集时间中所占比例最大，如图4.8中I_3、II_3和III_3所示，在矩阵中对应着最大的一个矩阵分布。由于矩阵较大，因而体现反应状态的表象特征比例略小，但依然可判断出着色点分布呈现成形的小方形且这些方形分布密集，如图4.11（a）所示；同样在可见图中出现非常明显的集聚特征，如图4.11（b）所示，交通状态从非常畅通到畅通，再从畅通到轻度拥堵的状态变化过程中，网络中的集聚群落数目逐步增多，可视图中集聚群落特征也呈现得更加明显，由此网络的集聚群落特征可充分映射出对交通流时间序列的关联特性。在交通中度拥堵状态下，道路负荷呈现饱和状态，交通流中各参量时间序列依旧保持平稳状态，未呈现大幅度波动。但区域平均速度明显下降，如图4.8中I_4、II_4和III_4所示。时间序列的局部峰值被映射到周边邻近的点，在矩阵中呈现沿着对角线方向成形的小方形且同比可见边增多，如图4.12（a）所示；同样在可见图中映射具有集聚特征的网络结构，但由于网络对应映射的时间序列点较少，可见图中特征不显著，如图4.12（b）所示。在交通严重拥堵状态下，交通参量中交通流量与时间占有率时间序列呈现反向变化趋势，且呈现较大幅度的波动，如图4.8中I_5、II_5和III_5所示。因而在多个交通参量时间序列的复

第4章 面向一阶数据张量的交通时序数据特征分析

合矩阵中反映出同样的沿着对角线方向的形态明显的方形,如图4.13(b)所示;由于图4.13(b)中网络对应映射的时间序列点偏少,可见图中特征不显著。通过上述分析表明,交通状态从非常畅通到中度拥堵,网络群落数目迅速增长;交通状态从中度拥堵到严重拥堵,网络群落数目缓慢减少。

研究构建的五个网络的节点度分布散点及拟合曲线图,如图4.14所示,其中图4.14的度分布分别对应图4.9(b)到图4.13(b)的交通流时间序列网络度分布图,在图4.14的对应图4.9(b)的散点拟合符合幂律分布,数据拟合线得到 $y_1=9\,043d_1^{-2.143}$,其中 y_1 表示相同节点度的个数,d_1 表示图中节点度数,拟合估计参数的置信区间为 [-638.9, 18 720], [-2.522, -1.764]。在图4.14的对应图4.10(b)网络、图4.11(b)网络、图4.12(b)网络和图4.13(b)网络的散点拟合符合高斯分布,图4.10(b)网络的数据拟合线得到 $y_2=17.29\exp\{-[(d_2-18.89)/10.02]^2\}$,拟合估计参数的置信区间为 [14.52, 20.05], [17.5, 20.27] 和 [7.851, 12.18];图4.11(b)网络数据拟合线得到 $y_3=40.75\exp\{-[(d_3-17.64)/8.262]^2\}$,拟合估计参数的置信区间为 [36.95, 44.56], [16.99, 18.29] 和 [7.25, 9.273];图4.12(b)网络的数据拟合线得到 $y_4=8.183\exp\{-[(d_4-18.31)/9.332]^2\}$,拟合估计参数的置信区间为 [6.687, 9.678], [16.87, 19.75] 和 [7.01, 11.65];图4.13(b)网络的数据拟合线得到 $y_5=2.938\exp\{-[(d_5-18.58)/12.72]^2\}$,拟合估计参数的置信区间为 [2.075, 3.801], [15, 22.16] 和 [5.283, 20.16],上述估计均为95%置信度。

研究通过统计网络的度分布、聚类系数、网络直径、模块化等描述和分析网络特征,并进一步研究其网络上的动力学特征。因此本实验分析了实例中构造的不同交通状态时间序列网络的聚类系数、网络直径、模块化、图密度和平均路径长度等统计特征,如表4.1所示。

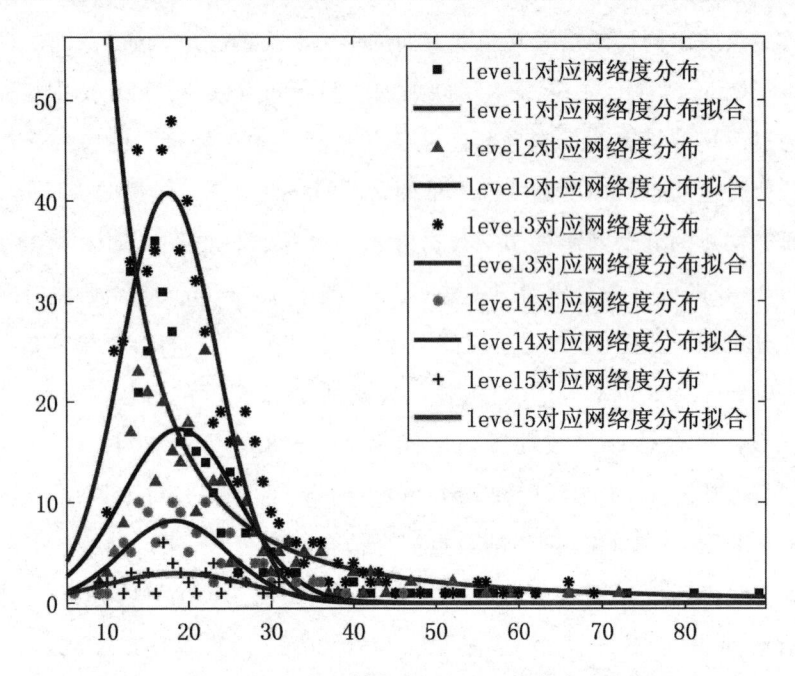

图 4.14　各构建交通参量时间序列网络节点度分布图

表 4.1　交通流时间序列的复杂网络统计特征

统计特征/网络结构	图 4.9（b）	图 4.10（b）	图 4.11（b）	图 4.12（b）
聚类系数	0.337	0.321	0.314	0.320
网络直径	7	7	10	7
模块化	0.625	0.646	0.749	0.664
网络密度	0.037	0.042	0.019	0.083
平均路径长度	3.352	3.339	4.179	3.106

表 4.1 中比较不同状态交通流时间序列网络的统计特征，表现为网络直径基本保持同一水平。网络的聚类系数和模块化应结合时间序列可视化特性分析，表现为交通状态变化越趋近于中度拥堵，网络结构模块化越高。由于交通状态的网络时间序列点的数目不同，当序列点数量变少时则模块化呈现不足，而将整体考虑为一个模块，表现为体现整体关联关系的聚类系数增大，

第4章 面向一阶数据张量的交通时序数据特征分析

同样符合交通状态越拥堵，网络结构模块化（在小网络结构中表现为聚类系数）越高的特点。

4.3 考虑出行特征分析的网约车数据特征分析

4.3.1 基于聚类分析的交通状态识别

对 2016 年 11 月 1 日至 30 日期间的网约车需求数据进行分析。将所有数据按照星期属性进行分类，将具有相同星期属性的数据在一起进行比较，网约车需求随时间的变化趋势，如图 4.15 所示。

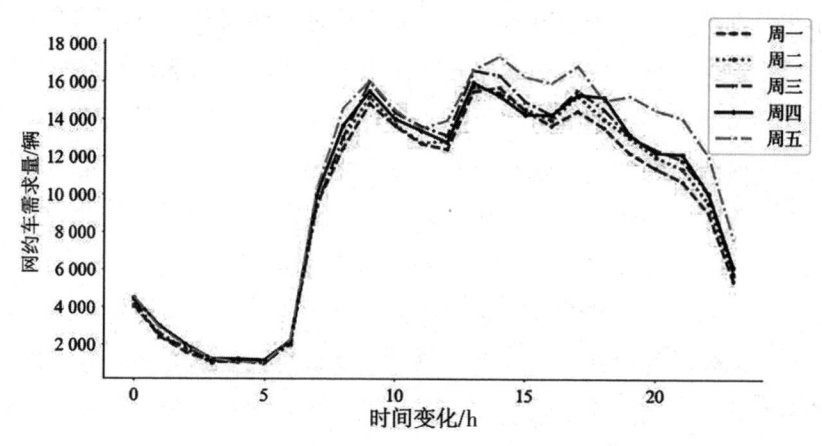

（a）工作日网约车需求随时间变化图

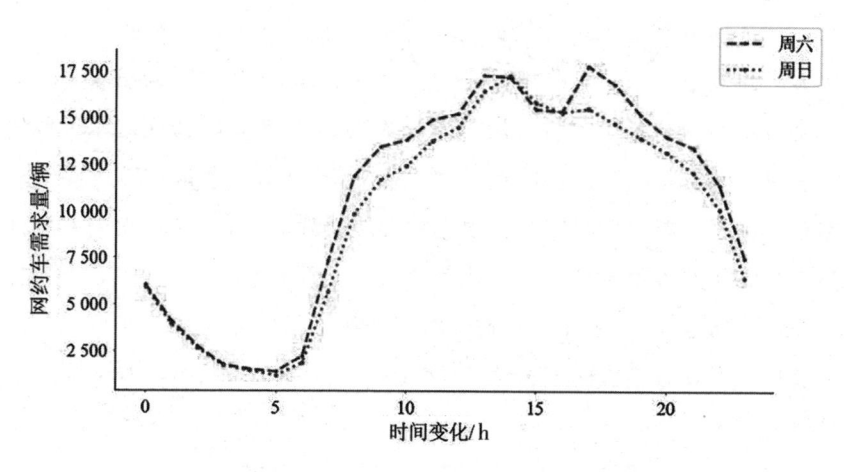

（b）非工作日网约车需求随时间变化图

图 4.15 网约车需求量时间变化趋势图

通过对网约车出行量的分析，发现工作日和周末出行需求量变化规律存在一定的相似性和规律性，但又有所区别。在工作日中，出行需求量呈现三个明显的高峰时段，分别为早高峰、午高峰和晚高峰。而周末则出现两个高峰时段，分别为午高峰和晚高峰。在工作日中，各时间片网约车出行需求量变化规律基本相同，且需求曲线高度重合。在早高峰和午高峰时段，出行需求量达到峰值，而晚高峰峰值较低且持续时间较长。在周末，出行需求量在7点至9点时段快速增长，午高峰和晚高峰时段需求量较高，但晚高峰峰值不如午高峰明显。

本小节发现网约车出行需求具有以周为单位的周期性。在不同工作日和非工作日中，具有相同星期属性的时间段内出行需求量的变化趋势一致，且一周为周期的网约车出行需求特征相似且相对稳定。此外，时间特性，包括星期属性、时间片属性和工作日属性，也会对网约车出行需求产生影响。因此，在进行需求预测时，需要考虑这些时间特性因素的影响。

4.3.2 基于斯皮尔曼相关性的出行影响因素分析

根据对网约车需求量时空分布特征的研究，可以发现网约车需求量在时间上呈现出一定的规律性，并受到相邻区域需求量的影响。为了分析网约车需求的分布特征，利用斯皮尔曼（Spearman）相关系数进行变量的相关性分析。Spearman相关系数具有适用范围广泛、能够容纳变量的分布形态和容量等特点。该系数主要通过对源数据的位置排序来计算，以分析两个变量之间的秩次大小并确定它们之间的相关性。利用Spearman相关系数分析t时刻与临近n个时刻的网约车需求量、历史同时刻的出行需求量以及相邻区域的网约车需求量之间的相关性。将临近n个时刻的网约车需求量、历史同时刻的出行需求量按照距离当前时间的长短进行等级排序，Spearman相关系数计算两个自变量之间的等级关系而非具体数值关系。计算结果在[−1，1]之间，−1表示毫不相关，1表示完全相似。将当变量之间的相关性大于0.8时，表明两个变量之间具有极强的相关性。

计算公式为

$$\rho_s = 1 - \frac{6\sum_{i=1}^{N}d^2}{N(N-1)} \tag{4.11}$$

第4章 面向一阶数据张量的交通时序数据特征分析

其中，d 为两个样本变量之间的排序等级之差；N 为变量中数据的个数。

网约车出行需求呈现时空规律性，其中包括邻域空间规律性、历史出行需求序列以及历史流入量序列的时间规律性。综合以上特征，构建影响网约车出行需求的因素集，并采用 Spearman 相关系数进行变量之间相关性分析。因此，本节主要研究三方面的影响：t 时刻与临近 n 时刻的出行需求量、历史同时刻的出行需求量以及相邻区域的出行需求量。

1. 临近时间切片的出行需求量

对 t 时刻网约车需求量与当前 n 时间切片的网约车需求量的相关性进行分析，设定 $M(k, t)$ 是第 k 天，当前时间片段的网约车需求量，$M(k, t-1)$ 为前 $t-1$ 时刻（前15min）的网约车需求量，$M(k, t-2)$ 为前 $t-2$ 时刻（前30min）的网约车需求量，相关性分析如表4.2所示。由相关性分析可知，网约车需求量与前四个时间片段的需求量的相关性系数在0.8以上，表现为强相关性，因此选取前四个临近时间的网约车需求数据作为网约车需求预测的输入变量。

表4.2 临近时刻网约车需求量相关性分析

变量	$M(k, t)$	$M(k, t-1)$	$M(k, t-2)$	$M(k, t-3)$	$M(k, t-4)$
相关性系数	1	0.9	0.89	0.87	0.86

2. 周期时刻出行需求量

选取与 k 时间片段当天具有相同属性的日期的同一 k 时间片段的数据进行相关性分析，即计算 $M(k, t)$ 与 $M(k-7n, t)$ ($n=1, 2, 3, 4$) 之间的相关性，分析结果如表4.3所示。由表中的相关性分析可知，网约车 k 时间片段的需求量与前7天与前14天的同一时间片段的需求量呈现强相关性的特点，故选取前两个星期相同日期属性同一片段的网约车需求量作为网约车需求预测的输入量。

表 4.3 相同周期属性网约车需求量相关性分析

变量	$M(k,t)$	$M(k-7,t)$	$M(k-14,t)$	$M(k-21,t)$
相关性系数	1	0.87	0.84	0.76

3. 相邻区域出行需求量

在相邻区域网约车需求量相关性分析上，选取与中心区域相邻的8个区域，分别统计中心区域与八个相邻区域相同时间状态下15min内的网约车需求量，进行相关性分析，分析结果如表4.4。分析结果可知，中心区域与相邻区域的相关性都大于0.7，表现出较强的相关性，可以得出网约车需求量与相邻区域的网约车需求量具有相互影响的作用。

表 4.4 相邻区域网约车需求量相关性分析

变量	$M_1(k,t)$	$M_2(k,t)$	$M_3(k,t)$	$M_4(k,t)$	$M_5(k,t)$	$M_6(k,t)$	$M_7(k,t)$	$M_8(k,t)$
相关性系数	0.84	0.92	0.73	0.80	0.88	0.77	0.95	0.89

由上述的网约车出行需求量的时空特征分析及相关影响因素的相关性分析可以确定网约车需求预测的输入特征：前4个相邻时间片段的网约车需求需求量，前两个星期相同日期属性的网约车需求，以及考虑相邻区域网约车需求对中心区域的影响。

表 4.5 相同周期属性网约车需求量相关性分析

因素	说明
临近时刻需求特性	选取临近时刻的四个时间片
相同属性的周期特性	选取前两个具有相同属性的时间片
空间特性	相邻区域与中心区域都具有强相关性

4.4 基于动态图卷积网络的行程时间预测方法

4.4.1 道路车辆行程时间计算

1. 交通工程学中行程时间的定义

根据文献[57]中通过调查数据的方法计算平均行程时间，从宏观层面计算路段的行程时间，采用浮动车法以小型汽车，例如小型面包车、吉普车等作为测试车辆，同时尽量不使用带有特殊标志的车；除驾驶员外的调查人员一人记录同测试车对向开来的车流数量，一人记录与测试车同向行驶的车辆，另一人记录时间和停驶时间。行程距离可由地图或相关单位获得，根据调查的数据测定方向的交通量 q_c 为

$$q_c = \frac{X_a + Y_C}{t_a + t_C} \tag{4.12}$$

其中，X_a 为测试车对向开的来车数，单位为辆；Y_C 为测试车同向行驶的车辆数，单位为辆；t_a 为测试车与待测定车反向行程的行驶时间，单位为 min；t_C 为测试车与待测定车同向行程的行驶时间，单位为 min。

路段的平均行程时间为

$$\bar{t}_C = t_C - \frac{Y_C}{q} \tag{4.13}$$

其中，$\bar{t}_C$ 是车辆顺着车流方向行驶时的平均行程时间，单位为 min。

2. 阿里云中交通云控平台中行程时间的定义

根据阿里云中交通云控平台将行程时间定义为：机动车通过某一路段两个端点间的时间。同时，行程时间指标对应的实体交通对象为"路口车流转向"和"通道"，结合高德浮动车数据和路网拓扑结构计算逻辑如图 4.16 所示。

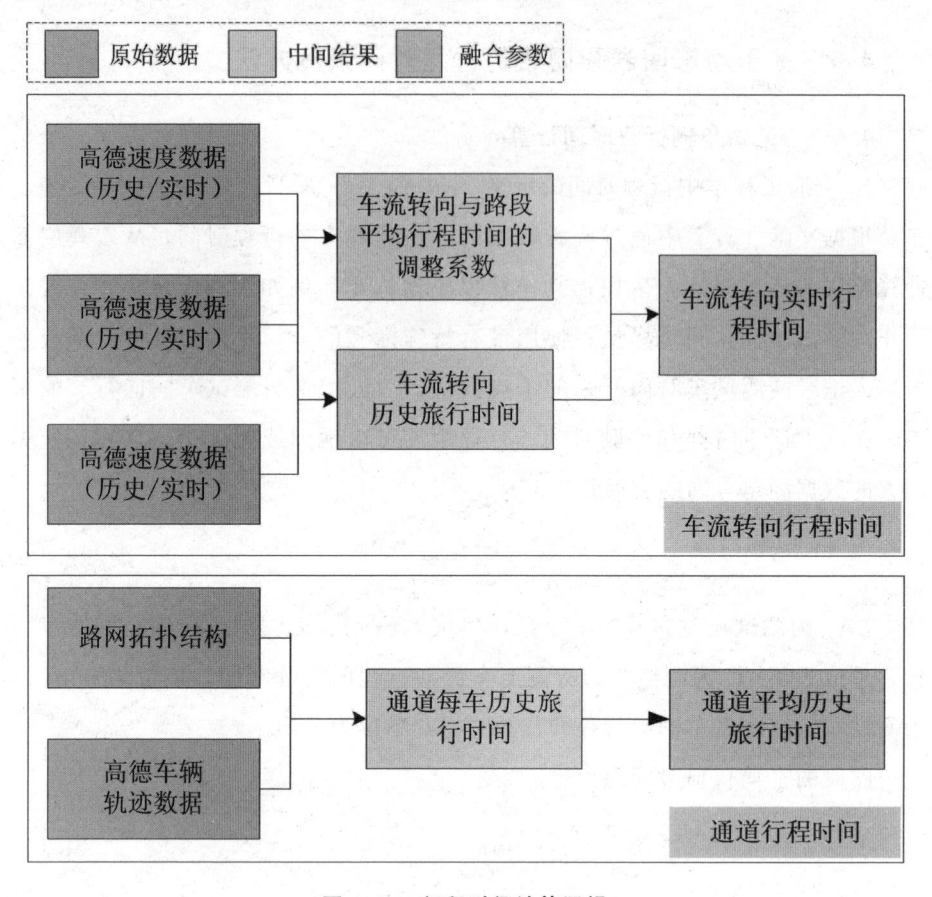

图 4.16 行程时间计算逻辑

3. 浮动车法

对于浮动车的单车行程时间[6]，单车行程时间为指定起、终点路段行驶的时间。

$$T = t_1 + t_2 \tag{4.14}$$

其中，T 是单车路段行程时间，t_1 是浮动车在路段上的行驶时间，单位为 min，t_2 浮动车在路段上的停驶时间，单位为 min。

4.4.2 基于动态图卷积网络的行程时间预测方法

采用图卷积网络（graph convolutional networks，GCN）对行程时间进行预测，特别是交通数据这种具备时空关系的特殊数据，可以很好地解决两个节点之间的相关性以及路网的复杂结构和动态性能的学习问题。城市路网的

第4章 面向一阶数据张量的交通时序数据特征分析

本质是一个图结构，每个卡口点可以当作图上的信号，以邻接矩阵作为模型的输入，提取路网的时空特征，但GCN对于路网图的构建，采用了道路网络的先验知识，没有充分利用交通数据的时空特性，所以采用动态图卷积网络（dynamic graph convolutional network，DGCN）对交通数据进行预测，构建动态路网邻接矩阵来学习长短期依赖关系和图结构[58-59]，如图4.17所示，DGCN模型建立在输入一个序列输出也是一个序列的Seq2架构上，由拉普拉斯矩阵网络模块、图卷积模块构成，通过对全局拉普拉斯矩阵进行学习并预测，提取路网的空间特征；通过GCN交通特征行程时间进行预测，提取路网的时间特征。

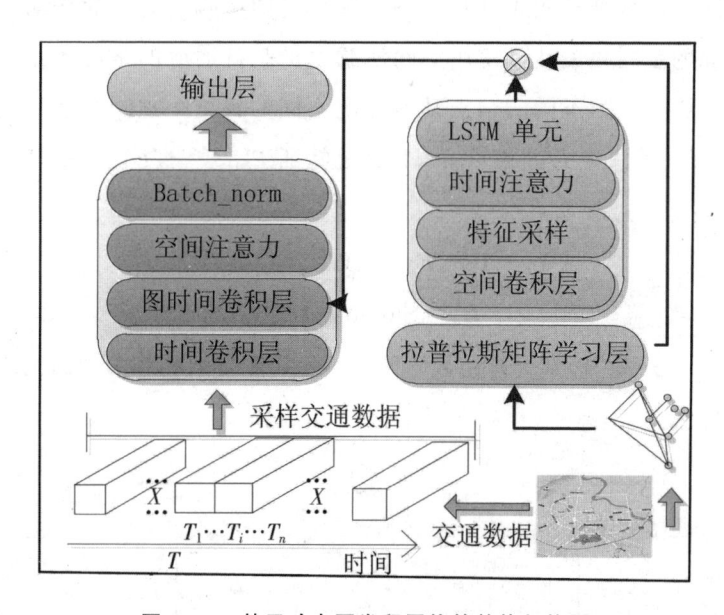

图4.17 基于动态图卷积网络的整体架构图

4.4.3 动态拉普拉斯矩阵模块

交通路网的拓扑结构基本是不变的，但是在不同外源因素影响下，复杂的路网环境为交通状态增加了诸多随机性，相同路段不同时刻的交通状态具有差异性，体现路网动态的时空特征。拉普拉斯矩阵可以表示路网实际的拓扑关系，在动态拉普拉斯矩阵模块中，通过全局拉普拉斯矩阵中学习层处理路网的拉普拉斯矩阵，将输出的全局拉普拉斯矩阵送入拉普拉斯矩阵预测单元,最后通过动态拉普拉斯矩阵 L_p 传输到图时间卷积层。如图 4.17 中绿色部分所示,该模块包括:特征提取、注意力机制和 LSTM 网络。

(1) 特征提取:模型的输入由每天最近邻 5min,15min,30min 的行程时间数据组成。若输入数据为原始交通时间序列,当时序数量 $k*T$ 增加时,相对的时间和空间复杂度也会增加,数据集不同时间段的重要性不同,根据不同时段的相关性来减小交通特征采样的维度,即最近邻的交通特征比其他时间段的特征更重要。

(2) 空间注意力机制:实际路网中,行程时间数据在同一时间不同路段之间的相关性具有高度动态依赖特性,同时,任意一条路段的行程时间也会受到其他路段,特别是相关性较高的相邻路段的影响,为了获得同一时间不同路段之间的空间相关性,使用空间注意力机制自适应的学习各路段之间行程时间相互影响,为不同的顶点动态分配不同的权重,预测当前路网的邻接矩阵 L_d[60-61]。若注意力机制的输入特征是特征 $F_{(1:\tau)} = (F_1, \cdots, F_\tau)$,如图 4.18 所示,计算过程如下:

$$L_d = W_1(F_{(1:\tau)})W_2(F_{(1:\tau)})^T \qquad (4.15)$$

$$L_d = \text{Sigmoid}(L_d) \qquad (4.16)$$

其中,$W_1(\cdot)$ 和 $W_2(\cdot)$ 是嵌入函数,使用矩阵内积作为道路网络相邻矩阵的估计方法。

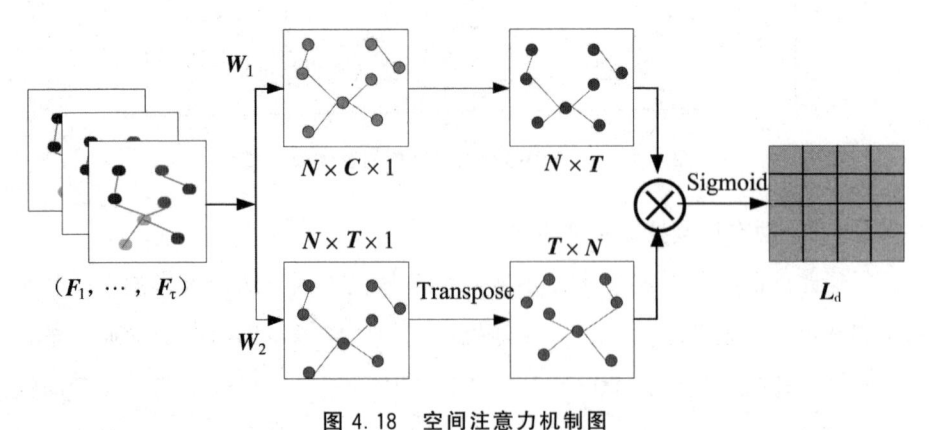

图 4.18 空间注意力机制图

(3) LSTM 单元:采用 LSTM 单元学习时间相关性,探索相邻矩阵序列

第4章 面向一阶数据张量的交通时序数据特征分析

之间的内在联系 L_d。1997年，Hochreiter 和 Schmidhuber[62] 提出 LSTM 来克服短期记忆问题，加入"门"的内部机制调节信息流。图 4.19 所示的是典型 LTSM 工作原理图。

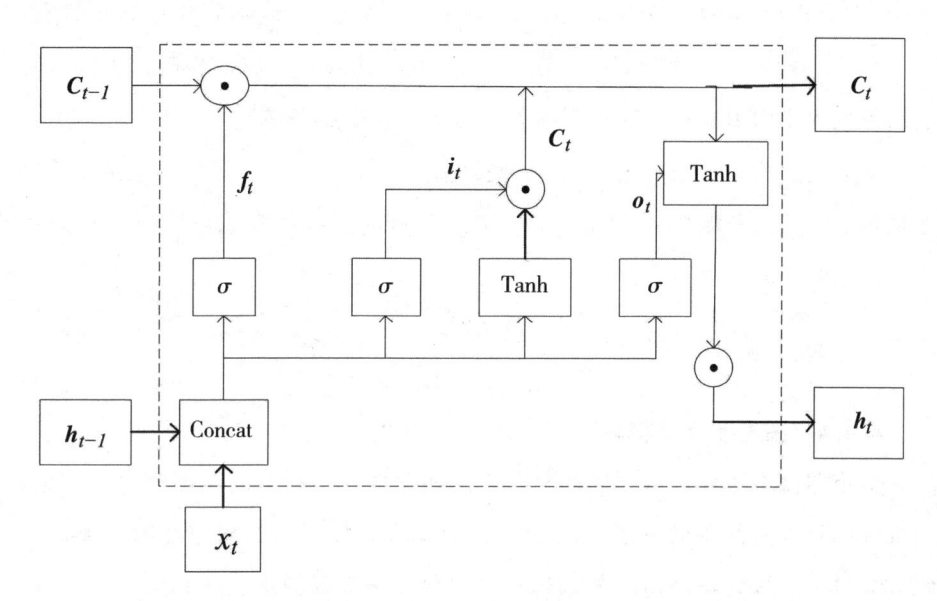

图 4.19　LSTM 单元原理图

给定状态 t 时的输入 $L_{dt} \in \mathbf{R}^{N \times N}$，LSTM 模块的工作方式如下。首先，$f_t$ 为遗忘门，它通过输出 [0，1] 内的数字来决定哪些旧信息应该被遗忘：

$$f_t = \sigma(W_f [h_{t-1}, L_{dt}] + b_f) \tag{4.17}$$

其中，σ=sigmoid，激活函数为 tanh，模型输入邻接矩阵为 $L_{dt} \in \mathbf{R}^{N \times N}$，$t=1,\cdots,k+T-1$，$h_{t-1}$，$h_t \in \mathbf{R}^{N \times N}$ 是隐藏特征，$[h_{t-1}, L_{dt}] \in \mathbf{R}^{N \times 2N}$，$h_{t-1}$ 是状态 $t-1$ 的输出，W_f 和 b_f 是权重矩阵和遗忘门的偏置。

i_t 为更新门，在输入门中确定的值 i_t，连同由 tanh 层同时生成的候选值向量 C_t 一起在新的单元状态 C_t 中更新，其中

$$i_t = \sigma(W_i [h_{t-1}, L_{dt}] + b_f) \tag{4.18}$$

$$C_t = \tanh(W_c (h_{t-1}, L_{dt}) + b_c) \tag{4.19}$$

$$C_t = f_t \cdot C_{t-1} + i_t \cdot C_t \tag{4.20}$$

其中，(W_i, b_i) 和 (W_c, b_c) 分别是输入门和存储单元状态的权重矩阵和偏

差。C_{t-1}，$C_t \in \mathbf{R}^{N \times N}$，最后，输出门 o_t 如下：

$$o_t = \sigma(\mathbf{W}_o[\mathbf{h}_{t-1}, \mathbf{L}_{dt}] + \mathbf{b}_o) \tag{4.21}$$

$$\mathbf{h}_t = \mathbf{o}_t \cdot \tanh(\mathbf{C}_t) \tag{4.22}$$

其中，$\mathbf{W}_o$ 和 $\mathbf{b}_o$ 是权重矩阵和输出门的偏置，决定了部分输出的单元状态，$\mathbf{W}_f(\cdot), \mathbf{W}_i(\cdot), \mathbf{W}_o(\cdot), \mathbf{W}_C(\cdot)$ 是线性嵌入函数，即权重矩阵，它们的参数大小为 $\mathbf{R}^{N \times 2N}$，偏置矩阵为 $\mathbf{b}_f, \mathbf{b}_i, \mathbf{b}_o, \mathbf{b}_C \in \mathbf{R}^N$。

从 LSTM 中得到了一个未来的邻接矩阵 $\mathbf{h}_{k+T-1} \in \mathbf{R}^{N \times N}$，结合全局拉普拉斯矩阵 $\mathbf{L}_{res}$，$\mathbf{L}_p \in \mathbf{R}^{N \times N}$ 将被转移到 GCN 分量的图时间卷积层，拉普拉斯矩阵预测网络的输出如下：

$$\mathbf{L}_d = \mathbf{h}_{k+T-1} \tag{4.23}$$

$$\mathbf{L}_p = \mathbf{L}_d \cdot \mathbf{L}_{res} \tag{4.24}$$

4.4.4 图卷积网络模块

城市路网中不同区域之间的复杂空间相关性是行程时间预测的关键问题，而准确的行程时间预测是进行路径推荐的基础。传统的卷积神经网络无法反映大规模跨区域传输网络的复杂拓扑，因此无法准确捕捉空间相关性。最近，可以处理不规则图结构数据的 GCN 引起了广泛的关注。图表示为 $G = (V, E)$，其中 V 是节点集，E 是边集。图卷积神经网络通过图的点边结构信息和附加到图连接的属性信息来传播图信息，主要通过边信息对节点信息进行聚合，并生成新的节点，其实质是提取图网络中的空间特征[63]，传统的 GCN 模型具有以下分层传播规则：

$$H^{(l+1)} = f(H^{(l)}, A) = \sigma(D^{-\frac{1}{2}} A D^{-\frac{1}{2}} H^{(l)} W^{(l)}) \tag{4.25}$$

其中，$H^{(l)}$ 是 l 层的输出，$H^{(l)} \in \mathbf{R}^{N \times d}$；$N$ 是图中节点的数量，$G = (V, E)$；并且每个节点由 d 维特征向量表示。A 是无向图的邻接矩阵，$A = A + I_N$；I_N 是单位矩阵；D 是度矩阵；$D = \sum_j A_{ij}$；$W^{(l)} \in \mathbf{R}^{d \times h}$ 是要训练的参数。h 为输出尺寸；$\sigma(\cdot)$ 表示激活函数。

路网行程时间具有时间相关性，还具有很强的空间相关性，行程时间的预测可通过神经网络提取路网的时间特征和空间特征。通过路网基础结构建模，对预处理后的路段取平均行程时间数据进行半监督学习，通过卷积层进

第4章 面向一阶数据张量的交通时序数据特征分析

行时间特征提取，采用 RelU 激活函数，最后通过全连接层输出路段未来时段行程时间的预测值[64]。具体路网建模示例图如图 4.20 所示，主要过程如下：

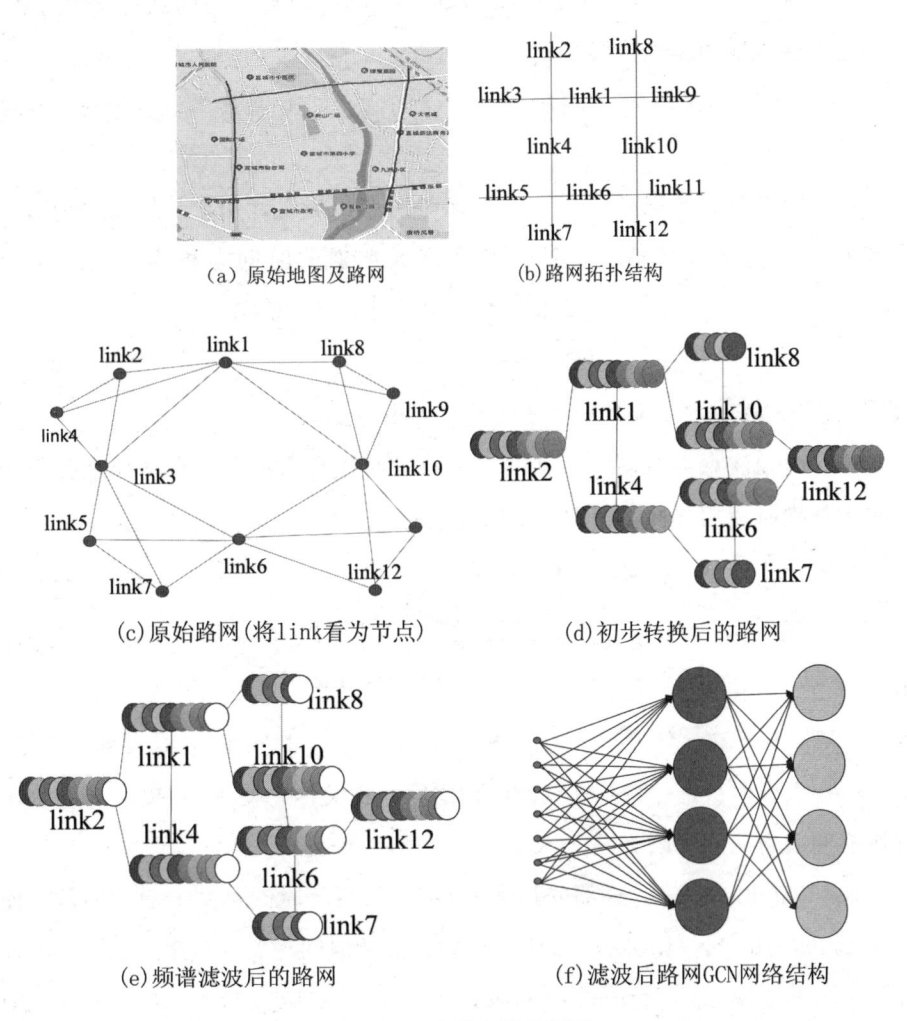

(a) 原始地图及路网

(b) 路网拓扑结构

(c) 原始路网（将link看为节点）

(d) 初步转换后的路网

(e) 频谱滤波后的路网

(f) 滤波后路网GCN网络结构

图 4.20 路网建模示例图

（1）图 4.20（a）到图 4.20（c）的过程是对路网基础特征进行提取。通过路网地图中的拓扑结构将路网提取为一个图（graph）。

（2）图 4.20（c）到图 4.20（d）的过程是对路网的初步转换。将路网中相邻的路段建立节点与邻域的映射。将图中的节点转化为边，路段的边转化为节点，构成新的路网结构图。

(3) 图 4.20（d）到图 4.20（e）的过程是转化路网图结构的采样邻域，对节点之间的依赖关系和时序数据的特征学习，提高计算效率。

(4) 图 4.20（e）到图 4.20（f）是通过 GNN 对行程时间进行学习过程，该网络由卷积层和全连接层组成。

基于 GCN 的交通预测组件具有以下四个块，它们被压缩以提取输入交通数据的时空特征。

(1) 图形时域卷积层（GTCL）：该时域卷积层设计用于从原始交通数据中提取高维局部时域信息，某一时段交通数据的时间卷积为：$X_{(1:k*T)}=(X_1,\cdots,X_t,\cdots,X_{k\times T})\in \mathbf{R}^{(N\times k)\times(T\times F)}$ 可以表示如下，

$$TC = Conv_{1\times ts}(X_{(1:k*T)}) \tag{4.26}$$

其中，$Conv_{1\times ts}$ 表示二维卷积算子，其核大小为 $1\times t_s$。

(2) 时间注意力机制：文献[65]中的时间注意力机制，自适应地提取数据中大规模时间相关性，特别是探索长期时间关系。

$$E = V_e \sigma((GC)^T U_1) U_2 ((GC) U_3)^T + b_e) \tag{4.27}$$

$$E_{ij} = \frac{\exp(E_{i,j}+\mathbf{Mas})}{\sum_{j=1}^{k\times T}\exp(E_{i,j}+\mathbf{Mas})} \tag{4.28}$$

其中，$V_e, b_e \in \mathbf{R}^{(k\times T)\times(k\times T)}$，$U_1\in \mathbf{R}^N$，$U_2\in \mathbf{R}^{F\times N}$，$U^3\in \mathbf{R}^F$，是可训练参数，$\mathbf{Mas}\in \mathbf{R}^{(k\times T)\times(k\times T)}$ 是保持不连续时间段之间的相关性，使 $E_{ij}\in \mathbf{R}^{(k\times T)\times(k\times T)}$ 不连续时间段之间的间隔为零。

(3) Batch_norm：这部分是基于 GCN 的行程时间预测的激活函数，使用了 Batch_norm（Leaky_RelU（·））激活时间注意的输出功能，如下，

$$F_{(1:k*T)} = Batch\_norm(Leakey\_RelU(\mathbf{TA})) \tag{4.29}$$

(4) 损失函数：经过上述 DGCN 处理后，得到输出的空间和时间特征。由此建立了输出层并构造了模型的损失函数。最近的数据是连续的，它的长度是 $I\times T$，日周期数据被采样，并被长度为 T，输入单元的 $k-i$ 单元分割，$k-i$ 输入单元在时间轴上被中断。设计了一个特殊的输出层：$Conv_{1\times i}$ 来处理最近的数据，$Conv_{1\times i}$ 来独立地反映日周期的 $k-i$ 特征单元[66]。最后，将所有卷积输出相加作为模型的预测值，并采用 l2_loss 来测量预测值和其基本

第4章 面向一阶数据张量的交通时序数据特征分析

事实之间的差异,以获得模型的损失函数如下,loss=l2_loss(预测值,真实值):

$$loss=l2\_loss(prediction,truth) \quad (4.30)$$

其中,l2_loss(预测值,真实值)表示模型的预测值和真实值的损失。

4.4.5 行程时间预测的实例应用分析

4.4.5.1 实例数据集

本研究所使用的数据集来源于安徽省宣城市中心城区公开的卡口数据集,由宣城市政府发布示由 openITS 平台整理发布(来源:http://www.openits.cn/openData2/808.jhtml),该区域内路段总道路长度为174km,包含2017年12月3日至9日全天的卡口过车数据和卡口GIS-T布点数据,卡口过车数据中一天的过车量数据大约有83万条。

1. 基础路网数据

本书选取城区路网数据,由安徽省宣城市政府公示,并由 openITS 平台整理发布。宣城市位于安徽省东南部,本书选取安徽省中心城区进行分析,该区域内总道路长度为174km,该区域包含九曲公园、梅西公园、宛陵湖景区等多个景点,车流量、人群密度大。开放数据包括路网 GIS-T 数据、卡口数据、交通信号控制数据三类,共1.15GB,本书主要采用卡口过车数据和路网 GIS 图层数据。

由数据集可得卡口点和道路中心线,卡口过车数据按日期划分到7个文件夹,卡口过车数据表名为 SJCJ_T_CLLX_LS,包含车辆编号(经过数据脱敏)、卡口编号,车道编号等信息,具体字段详情如表4.6所示,数据示例如表2.2所示。路网 GIS 图层数据提供了宣城市开放区域内的道路中心线(shape 格式),通过 Arcgis 等软件可以查看道路属性信息,每一个信号交叉口均部署有卡口检测器,检测同一个信号交叉口的卡口设备组被统一称为 SSID。平均每个文件的数据量约为90万条,包含6个属性,每一个信号交叉口均部署有卡口检测器,检测同一个信号交叉口的卡口设备组被统一称为 SSID。卡口布点图和道路中心线如图4.21所示。

表 4.6 卡口数据详细信息表

字段名	字段类型	字段描述
SSMC	String	卡口名称
SSID	Varchar	卡口编号
HPHM	Varchar	车辆编号，每辆车编号唯一
HPZL	Number	号牌种类，01是黄牌，02是蓝牌
JGSJ	Date	车辆经过卡口信号交叉口停车线的时刻
CDBH	Number	车辆经过卡口信号交叉口停车线的车道编号

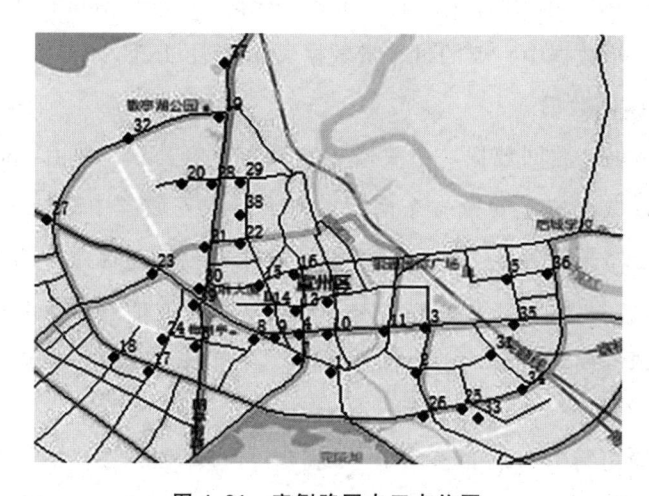

图 4.21 实例路网卡口点位图

表 4.7 字段样例表

SSID	HPHM	HPZL	JGSJ	CDBH
HK-171	-2147468082	2	2017/12/4 8：21	3
HK-80	-2147468082	2	2017/12/4 8：39	9
HK-144	-2147468082	2	2017/12/4 13：10	2
HK-87	-2147468082	2	2017/12/4 13：16	6

第4章 面向一阶数据张量的交通时序数据特征分析

2. 时间范围影响分析

以一个星期（12月3日至9日）的数据为例，对数据进行统计分析。若以1h为时间间隔，对一个星期24个时段的车辆经过卡口的总数进行统计，结果如图4.22所示，由图可得，每天车辆的数据量最高可达76 000左右，最低在1 200左右，并具有一定规律，1点至6点车辆较少，6点之后数量急速上升，并在9点至10点之后达到高峰，直至22点之后又急剧下降；同时，可发现，3日和9日时节假日的早高峰要晚于工作日1h。从中可得，12月3日和9日为周末，周末的数据量多于工作日的，可能由于周末人们的时间比较足，处于节假日人们出行次数会增多。

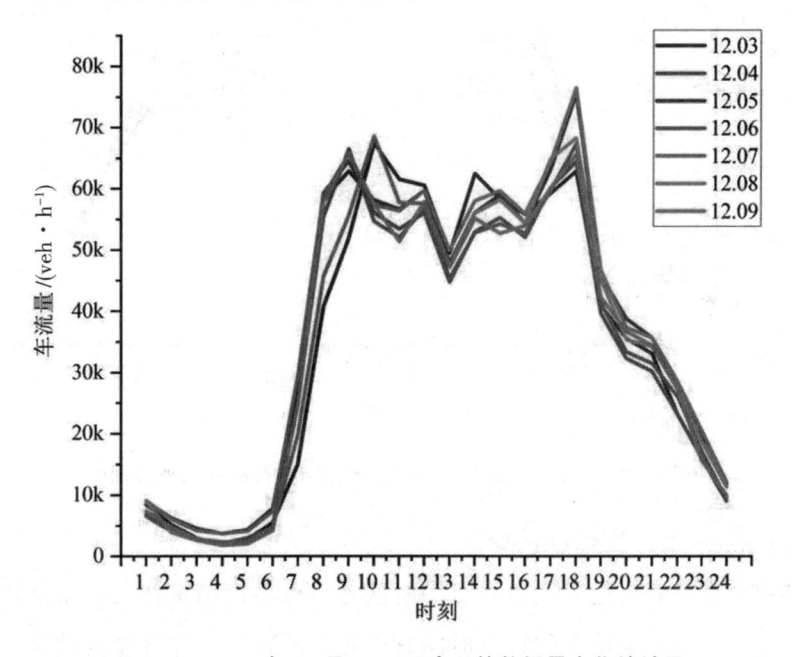

图4.22　2016年12月3—9日全天的数据量变化统计图

3. 空间分布关联性分析

卡口及路网的坐标范围为经度118.210 316至118.550 610，纬度30.957 540至30.925 782；卡口过车数据在时间上与路网早晚高峰有关，也与空间上的发布密切联系。现选取昭亭广场四周北往南走向的四个相邻且在路网中有上下游关系的卡口点，绘制28号卡口点的上游卡口点9和下游卡口点21，及左边、右边卡口点20和29的车流量图在2016年12月3日全天交通流量曲线图（图4.23），分析四个卡口在12月3日的过车量的空间相关性，由图4.23可知，卡口点20和21的车流量曲线相近，相同时间两个卡口点的车流量数值比较接近。

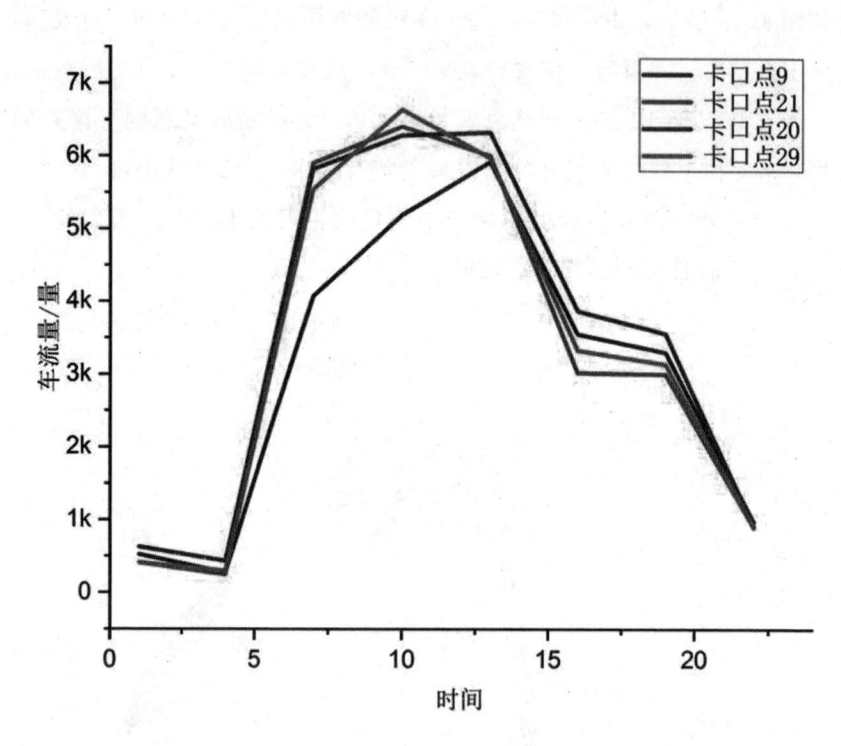

图4.23 2016年12月3日四个卡口点的交通流量曲线图

4.4.5.2 卡口数据预处理

利用每个车辆到达不同卡口点的时间差，可得每辆车在某两个路段之间的行程时间，但对于单车的行程时间有一定的随机性，并且受驾驶者个人驾驶习惯、路段拥堵、突发交通事故等影响，部分数据会存在缺失，或者相同路段，不同车辆的行程时间差异较大，存在系统误差与人为误差，卡口数据中存在的部分无效数据与错误数据会降低数据处理的效率；经过采集后的原始卡口数据通常是缺失、包含噪声或存在异常的，因此，对于数据中异常数据进行清洗预处理是十分必要的[67]，数据筛选规则如下：

（1）删除宣城市区域范围外的数据，宣城市的经度范围为：118.210 316 至118.550 610，纬度范围：30.957 540 至30.925 782，删除此范围外的

第4章 面向一阶数据张量的交通时序数据特征分析

数据。

（2）删除未识别的车牌号，车牌编号为：-535937862。

（3）删除行程时间过长的数据，当单车某路段的行程时间过长，而临近时段的行程时间都在合适的时段里，说明车辆在该路段之间经停，此类数据存在误差，不具有研究价值，故将其删除。若单车某路段的行程时间过长，临近时段的行程时间也较长，说明该路段存在拥堵状态，此类特殊的数据可以保留进行分析。

（4）删除行程时间过短的数据，在市区路段，汽车的限速为60km/h，数据集中最短的路段长度为273m，车辆最短行程时间为0.273min，故需删除小于该时间的行程时间。

本书采用的卡口数据是实时上传的，数据量大，故对部分异常数据直接删除，删除后的数据与初始状态的数据量的比例如图4.24所示。

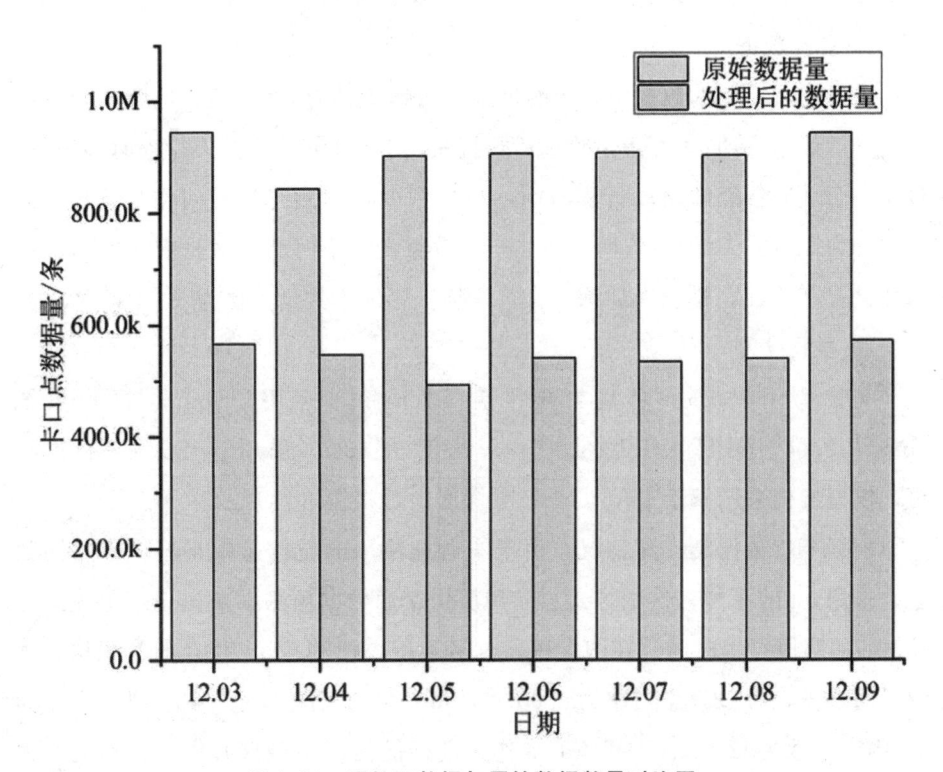

图4.24 预处理数据与原始数据数量对比图

将筛选后的数据与 GIS-T 路网数据结合,选取 2017 年 12 月 3 日(星期日)至 9 日(星期六)的行程时间作为研究对象,选取 12 月 3 日存在的卡口点对应的路段共 60 条。对行程时间的预处理步骤如下:

(1) 选取某一天的行程时间数据,按照 5min 取一次采样,1h 可取样 12 次,一天 24h,共 12×24=288 个时间段,对一天的数据进行划分为 288 个时间片。

(2) 根据 5min 取样一次,求每个时间段内各路段的行程时间数据的均值,若某路段的行程时间大于 30min,则删除该条数据。

(3) 重复步骤(1)(2),求 12 月 3 日—9 日的 5min 间隔的 60 条路段的行程时间数据。

(4) 对处理后的行程时间按时序排列,转化为 DGCN 模型输入的.npz 格式。

4.4.5.3　实验参量设置

1. 实验数据

本研究所使用的数据中一天的过车量数据大约有 83 万条,删除未识别的车牌号后数据量约 74 万条,筛选后数据量约 56 万条,日全天行程时间数据,包含一个交通特征即路段行程时间,在模型中将预测行程时间作为输出;时隙划分为 5min,每天的数据包含 288 个时隙,每小时所有数据有 12 个样本,因此设置 $T=12$,模型中训练集、验证集、测试集数量占比为 3∶1∶1。

2. 参数设置

实验基于 Python 环境管理平台 Pycharm,运用于 Linux 操作系统 ubuntu18.04,GPU 为 RTX3090 * 2,显存为 48G,采用 python3.7 代码编写,模型架构采用基于 Pytorch1.2.0 深度学习根据进行开发。

根据卡口数据集实际情况,由于本研究使用的数据是中小型城市路网数据,采用 5min 采样一次的方式,使用历史交通数据预测未来 5min,15min 和 30min 的路段行程时间。在图卷积和时间卷积中使用 4 个 1×3 的卷积核,预测时间步长 c 为 12,学习率为 0.000 5,每一轮的衰减率为 0.92,批次大小为 8,损失函数为 l2_loss,利 Adam 作为进行优化,在 GTCL 中设置切比雪夫多项式 $M=3$,卷积核 $t_s=3$,多头注意力机制 $k=4$,预测时间间隔 $T_p=12$,

第4章 面向一阶数据张量的交通时序数据特征分析

即我们采用60%的样本行训练和预测12个样本。

3. 对比模型

通过5个基线模型进行对比实验,将DGCN模型与多种交通流量预测模型进行对比,包括GRU、Gated_STGCN,ASTGCN,并使用近期交通数据进行交通流量预测。上述对比模型的具体介绍如表4.8所示。

表4.8 对比模型介绍表

模型	介绍
注意力的时空图卷积网络(attention based spatial-temporal graph convolutional networks,ASTGCN)	该模型包括空间图卷积和时间卷积,结合时空卷积块(ST-Conv block),处理图结构形式的时间序列,融合空间和时间的特征
时空图卷积的网络(spatio-temporal graph convolutional networks,STGCN)	由两个时空图卷积块(ST-Conv block)和一个输出全连接层(output layer)组成。其中ST-Conv block又由两个时间门控卷积和中间的一个空间图卷积组成,更适用于处理更大的路网
门控卷积循环网络(gated convolutional recurrent networks,GCRN)	引入门控机制关注特征中重要部分,卷积循环网络得到更高级的特征
动态图卷积网络(dynamic graph convolution networks,DGCN)	模型由更新拉普拉斯矩阵和图卷积网络组成,引入了一个潜在网络来提取时空特征,以自适应地构造动态路网图矩阵,并试图为GCN构建动态图
DGCN_MASK	本章模型的一个变体模型。为了验证不同拉普拉斯矩阵对GCN的效率,使用了掩模拉普拉斯矩阵
DGCN_GAT	本章模型的一个变体模型。一种用GAT代替模型的空间特征层GTCL的方法
DGCN_Res	本章模型的变体模型。使用残差拉普拉斯矩阵的方法

4. 评价指标

模型评价指标使用平均百分比误差（mean absolute percentage error，MAPE）和均方根误差（root mean square error，RMSE）。计算公式如下：

$$\text{MAPE} = \frac{1}{n}\sum_{i=1}^{n}\frac{|y_i - y_j|}{y_i} \times 100\% \tag{4.31}$$

$$\text{RMSE} = \sqrt{(y_i - y_j)^2} \tag{4.32}$$

其中，n 为测试集样本个数；y_i 为行程时间真实值，y_j 为行程时间预测值。

4.4.5.4 实验结果分析

本节对 DGCN 模型和其他基线模型预测结果进行对比分析，表 4.9 列出模型的预测结果。

表 4.9 预测精度结果表

模型	RMSE 5min	RMSE 15min	RMSE 30min	MAPE/% 5min	MAPE/% 15min	MAPE/% 30min
ASTGCN	1.10	1.12	1.19	35.89	36.60	38.40
STGCN	1.02	1.03	1.10	34.18	34.03	36.29
GCRN	1.04	1.05	1.13	32.19	32.55	35.31
DGCN	0.89	0.92	0.96	31.35	31.63	31.36
DGCN_MASK	1.03	1.04	1.17	38.89	39.33	42.62
DGCN_GAT	1.17	1.17	1.27	43.52	43.87	45.91
DGCN_Res	0.89	0.90	0.93	33.12	33.90	34.71

结合表 4.9 和图 4.25 实验结果，DGCN_Res 模型在所有指标具有最佳性能。相较于依赖路网原始定义图的方法，DGCN_Res 模型构建动态图网络，可以很好地提高模型建模交通特征空间关系的能力。拉普拉斯潜在矩阵可以更好地提取道路网络的动态空间特征，而 DGCN_Res 模型用全局优化的残差拉普拉斯矩阵代替了经验拉普拉斯矩阵，故精度优于其他模型。

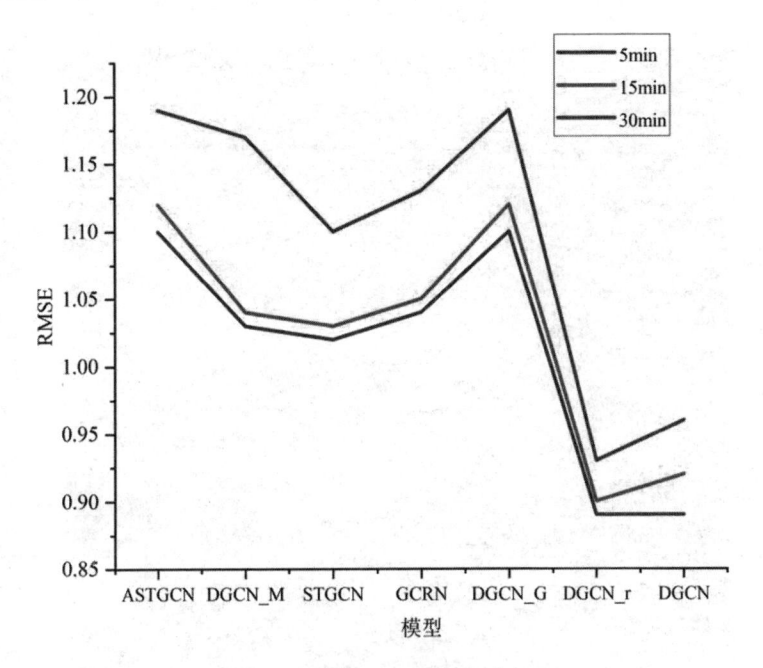

第4章 面向一阶数据张量的交通时序数据特征分析

图 4.25 模型 RMSE 结果对比图

预测未来 12 个时段的行程时间结果如热力图 2.26 所示，其中横坐标是预测的时段，纵坐标对应路网中的 60 个路段，1～7 是行程时间，单位是 min，从表中可得，任一路段在未来 12 个时段里的预测的行程时间。其中，行程时间在 1～2min 和 2～3min 的路段较多，比较明显的一个路段时间为 6～7min，该路段的距离较长，且中途存在交通信号灯。

对于行程时间预测问题，包含数据驱动和模型驱动的方法，采用神经网络的非参数的方法，特别的例如神经网络中的 CNN、LSTM、GRU 等，仅考虑时间序列依赖问题，不能很好地提取路网的空间特征，无法突出路网的复杂结构和动态性能；若根据历史交通数据学习交通数据的时空特征，则会由于使用固定的经验图和没有考虑交通数据的动态特性，而降低模型预测的准确率。因此，本章利用数据驱动的方法，以网络训练参数化的拉普拉斯矩阵，结合图卷积网络，预测卡口相关的行程时间，其中 DGCN 模型的预测性能最佳，主要原因有：(1) 考虑了时间序列数据邻近性，提取最近邻数据的特征，同时分组件对时序相关性进行建模；(2) 根据路网的拓扑结构和先验知识提取路网动态空间特征。

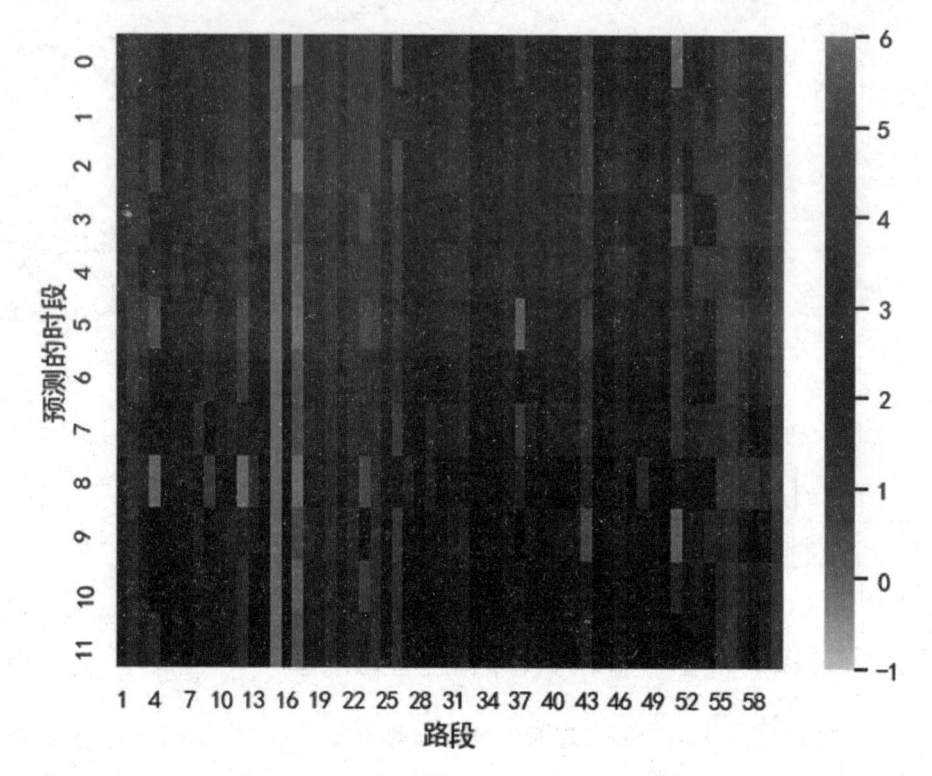

图 4.26 预测 12 个时段的行程时间热力图

4.4.5.5 超参数敏感性分析

超参数的取值会受到神经网络预测结果的影响，而敏感性分析是衡量不同输入变量对输出结果影响的方法[65]。本节对模型中学习率（learningrate，Lr）和批尺寸（batch-size）的取值进行研究，分析不同超参数的设置对模型预测结果的影响。

(1) 学习率：学习率是深度学习中常见超参数，决定模型网络中权重梯度的更新方向，学习率较大模型收敛效果不佳，较小则会导致模型训练时间长，收敛慢。本书对比学习率分别为 5×10^{-2}，5×10^{-3}，5×10^{-4}，5×10^{-5} 时模型收敛情况。从图 4.27 中可以看出第一轮迭代之后，学习率为 5×10^{-2}，5×10^{-3}，5×10^{-5} 的 Loss 直接下降到了 4 以下，5×10^{-4} 的 Loss 为 3，可见第一轮的迭代中模型的梯度下降是显著的，学习率最小的不一定是最先趋于稳定的，收敛效果也不佳。

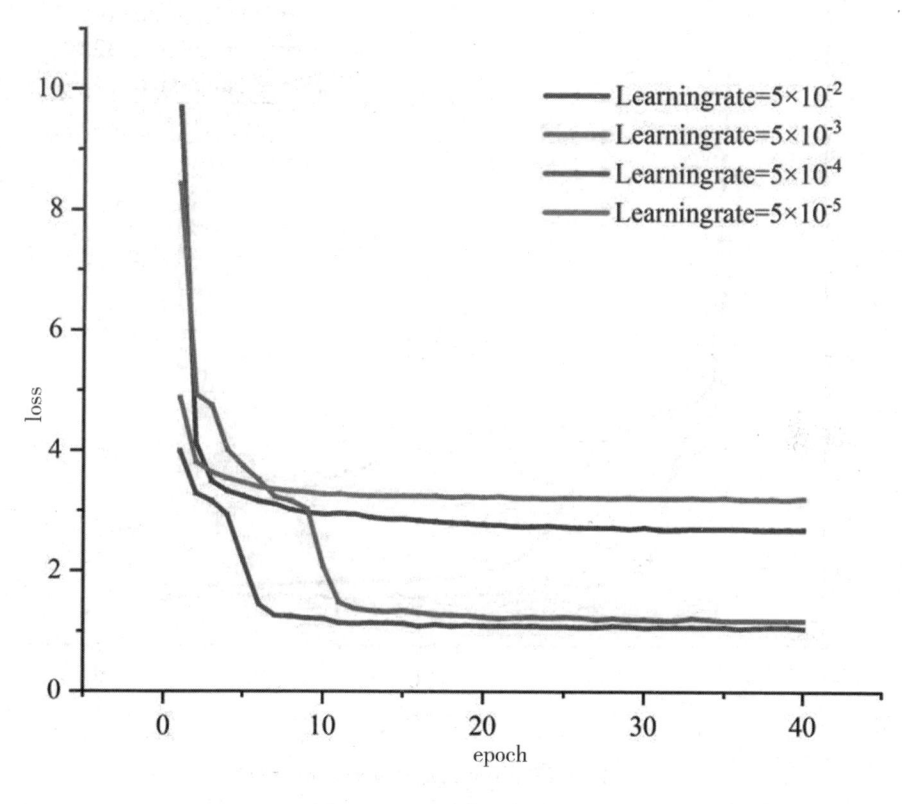

第4章 面向一阶数据张量的交通时序数据特征分析

图 4.27 不同学习率的影响

（2）批尺寸（batch-size）：在不考虑批量归一化（batch normalization，BN）的情形下，batch-size 的大小可直接影响训练过程中对每个 epoch 所需要时间，以及迭代曲线的梯度平滑程度[68]，较大的 batch-size 提高了内存的利用率和矩阵乘法的并行化效率。如图 4.28 所示，GPU 对 2 的幂次的 batch 可以发挥更佳的性能，因此设置成 16、32、64、128 时往往要比设置为整 10、整 100 的倍数时表现更优[69]。从迭代速度、梯度的平滑程度、收敛速度等方向结合模型实验结果分析可得，当批尺寸为 32 时，模型初始 loss 值最小，同时模型在 epoch 为 10 时最先收敛至最优值。

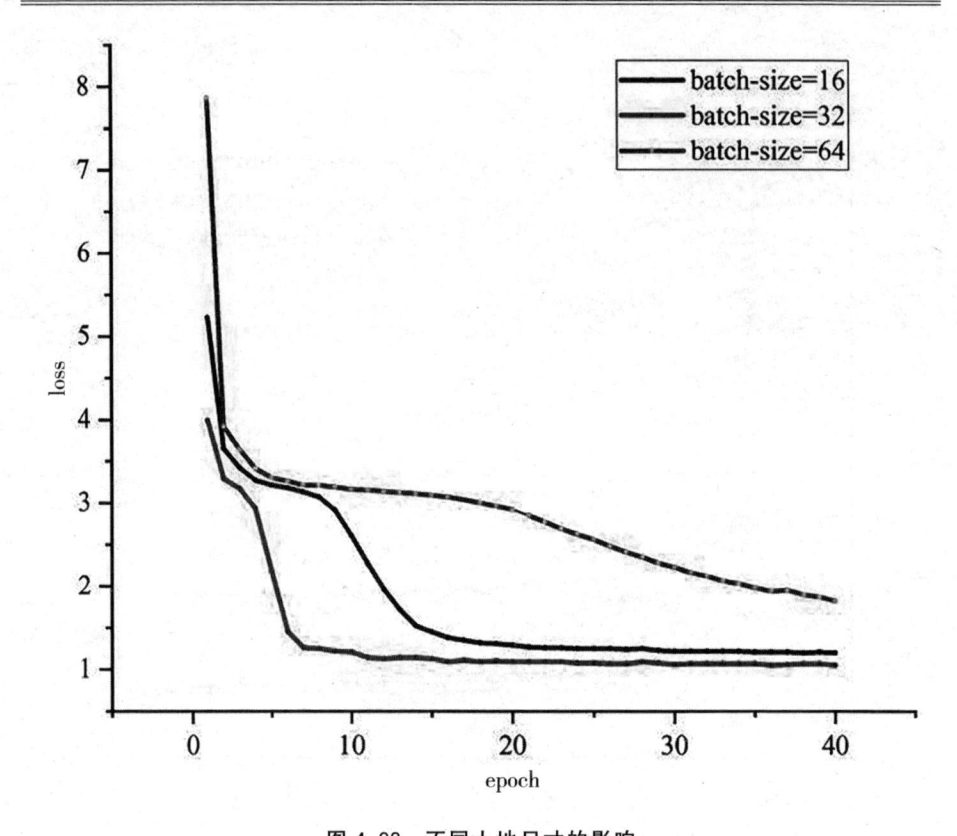

图 4.28 不同土地尺寸的影响

第5章 面向二阶数据张量的交通空间特征分析

5.1 概述

近阶段国内外研究侧重于研究城市交通网路均衡负载以合理化路网利用率的问题，研究主要针对城市路网所表现出来的行驶缓慢、拥堵，甚至大面积瘫痪的现状，这是现代城市交通网络亟须解决的问题[237]。交通网络中网络节点是组成网络的基本要素，针对不同网络节点的异质性分析对动态分配交通流的合理性和有效性有重要意义。

在已有的城市交通网络要素重要性分析的研究中，研究主要通过分析城市交通网络关键要素，加强保护重要要素以保证整个网络的可靠性[238-240]，通常根据交叉口交通流量、道路连接数等指标来衡量城市交通网络要素的重要程度。常见的对网络要素重要程度的评估主要有三种方法。一是利用删除法，在网络中删除要素后分析对网络造成的影响，从而得到相应的评估指数[241]。二是采用凝聚法，谭跃进等[242]提出将网络中节点与其相邻节点及其邻接边抽象成节点或边，从而分析对网络的影响进而评估网络要素。三是特性分析法，主要利用网络要素的特征如节点度、节点介数[243]和考虑级联效应[244]等特征评估交通网络要素的重要程度。目前对于交通网络要素的评估主要针对网络的拓扑结构，忽视了交通本身流量特征、经济因素和环境因素等对复杂的城市交通网络交通状态的影响。

5.2 考虑交通数据空间关联的二阶交通数据张量

5.2.1 考虑检测器布设的二阶交通数据张量构建

城市交通是复杂、开放、自适应和具有突变特征的系统[245]。之前的研究主要集中于具体路段上的交通流特征规律的判别和预测，而整个网络的特性却不等于所有组成元素的简单求和。

本节中研究的城市交通网络模型（即空间结构描述交通数据间的关联，为二阶交通数据张量），以图论为基础理论，讨论适合交通特征提取的网络拓扑抽象方法。根据图论中基本定义[246]，图 $G=(V,E)$ 是由节点集 $V=\{p_1, p_2, \cdots, p_n\}$ 以及 V 中元素的序偶组成边集合 $E=\{e_1, e_2, \cdots, e_k\}$。若 $<e_i, e_j>=<e_j, e_i>$，则图中的边为无向边，即图 G 为无向图，否则图中的边为有向边，表示图 G 为有向图。若图中包含与 E 中元素相对应的边权集合 $W=\{w_1, w_2, \cdots, w_k\}$，则该类图称为加权图，记为 $G=(V, E, W)$。

本书以固定检测器数据为交通数据研究对象，而一般固定型交通检测器布设在断面流量发生变化的位置，常见的布设位置为车流在交叉口和匝道的出入口。为方便交通数据加载，本节构建的交通网络拓扑主要由道路连接点通过有限长度的路段连接而成，即使用原始抽象法构建城市交通网络。实际交通运行中车流在交叉口和匝道的出入口处进行变换，使得城市规划中的街道中断面流量发生变化。交通流状态发生明显变化的固定地点作为路段与路段的连接点，即抽象为城市道路网络的节点。路段需要表示为交通网络中的单向行驶道路，即抽象为城市道路网络的边。双向的行驶道路需要拆分成两个具有相反方向的路段，因而网络模型在原始抽象法构建上选取有向图结构，如图5.1所示。本章拓扑提取中不考虑道路的等级、车道数和长度等设施条件。

第5章 面向二阶数据张量的交通空间特征分析

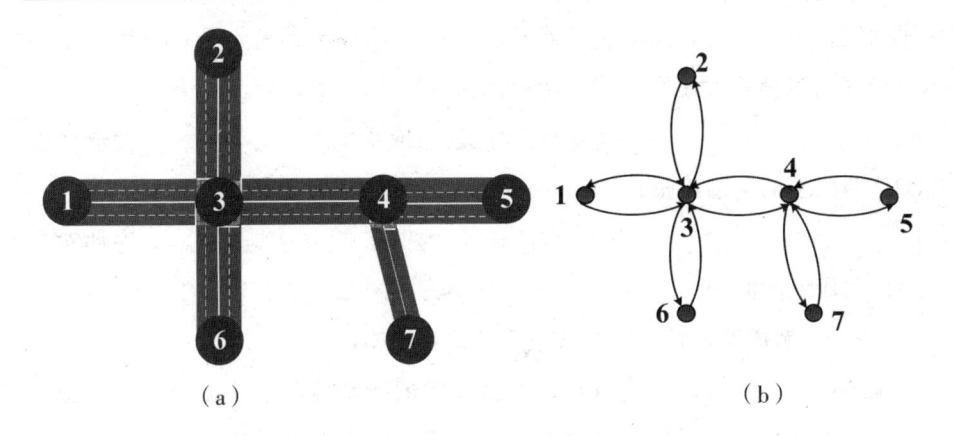

图5.1 交通网络拓扑提取示意图

网络的动态性由道路中车流决定，具体体现为交通网络中的动态交通数据。由于实际交通检测具有多源性和多参性（即检测数据包含多交通参量数据），为获取准确表征路段交通状态的交通数据，本书将解决检测数据的校验和多源数据的融合的问题。

经预处理后的交通数据实体描述为：$\{t, \text{linkID}, \text{parameter}_1, \text{parameter}_2, \text{parameter}_3\}$，其中 t 表示检测数据采集时刻，parameter_i 表示该检测器中第 i 个交通参数，$i=1,2,3$（交通检测器可以获取的交通参量比较多，选取常见的3种交通参量）。常见预处理后的交通数据实体描述为：$\{t, \text{linkID}, v, q, o\}$，其中设数据对应时刻为 t，地点平均速度数据表示为 v，交通流量数据表示为 q，时间占有率数据表示为 o。

根据上述论述，采用有向加权图定义方式给出对应的交通网络拓扑描述：

令交通路网 $G=(V, E, W)$，其中 V 为节点集合，包含的元素 $p_i(i \leqslant n)$ 为节点，p_i 表示实际道路交通流状态发生明显变化的位置；E 表示路段集合，包含的元素 $e_j(j \leqslant k)$ 为边，e_j 表示交通网络中的单向行驶路段，对应检测设备采集数据对应的路段，$e_j = <p_{js}, p_{jo}>$，其中 $p_{js} \neq p_{jo}$ 且 $p_{js}, p_{jo} \in V$；W 表示边权集合，包含的元素 $w_j(j \leqslant k)$ 对应边 e_j 的边权，$w_j = w_{<p_{js}, p_{jo}>}$ 表示对应路段 $<p_{js}, p_{jo}>$ 匹配的交通参量数据。为清晰说明问题，本章选择三种不同表征交通状态的参量，构成参量动态变化的交通网络 $G=(V, E, W)$。若 $w_{<p_{js}, p_{jo}>} = v_{限} - v_{<p_{js}, p_{jo}>}$（$v_{<p_{js}, p_{jo}>}$ 为相同时间

区段内网络中 $<p_{js}, p_{jo}>$ 序偶对应 linkID 路段上的地点平均速度，$v_{限}$ 表示路段区间限制最大速度），表示的网络为 $G=(V, E, W_v)$；若 $w_{<p_{js}, p_{jo}>} = q_{<p_{js}, p_{jo}>}$（$q_{<p_{js}, p_{jo}>}$ 为相同时间区段内网络中 $<p_{js}, p_{jo}>$ 序偶对应 linkID 路段上的交通流量），表示的网络为 $G=(V, E, W_q)$；若 $w_{<p_{js}, p_{jo}>} = o_{<p_{js}, p_{jo}>}$（$o_{<p_{js}, p_{jo}>}$ 为相同时间区段内网络中 $<p_{js}, p_{jo}>$ 序偶对应 linkID 路段上的时间占有率），表示的网络为 $G=(V, E, W_o)$。

5.2.2 考虑路段特征的二阶交通数据张量构建

本节以路段抽象为网络节点，以路段间的联系抽象为边，构建城市交通网路的对偶拓扑。之后辅以网络节点相似度、网络节点的交通波动性、交通强度和网络节点的凝聚度等评价指标，综合考虑与时变流量相关、与经济环境相关和与网络结构相关的交通特征，利用特征聚类的方式评价城市交通网络节点的动态影响程度的异质性，为提高交通运作效率和车流疏导提供可靠依据。

交通区域控制中为保证控制的有效性，一般分析的重点集中于交通网络中的交叉口节点的控制问题，因而选取的城市交通网络均是以布设城市固定交通检测器的交叉路口为交通网络节点，以城市街道或道路抽象为交通网络边来完成城市交通网络的提取。而从研究城市交通网路均衡且合理化的需求出发，研究城市交通路段相关特性才是核心问题，因而本书构建城市交通网络的拓扑以网络中路段为研究核心，将路段抽象为网络节点。

通过实际城市交通结构抽象网络图 $G=(V, E)$，其中 G 是一个无向的连通图[247]；$V=\{v_1, v_2, v_3, \cdots, v_m\}$ 为节点集合，由城市交通路段抽象的 m 个节点组成；$E=\{e_1, e_2, e_3, \cdots, e_l\} \subseteq V \times V$ 为边的集合，定义为若任意城市交通路段 v_i 和 v_j 间车辆可行驶，则在集合 E 中存在一条边连接 v_i 和 v_j；l 表示集合 E 由 l 条边组成。以厦门市获取的实际交通信息为数据依据，以上述方式抽象为拓扑结构，如图 5.2 所示以城市路段为抽象节点的厦门市城市交通拓扑结构。

图 5.2 以城市路段为抽象节点的实例城市交通网络图

5.2.3 考虑网约车需求的二阶交通数据张量构建

网约车需求数据具有典型的时空特征，利用三阶张量对其进行建模可以充分研究其蕴含的时间相关性和空间相关性。交通轨迹数据的时间所属关系可以定义为张量的一阶属性，空间所属关系则可以定义为张量的二阶属性，具体的表现形式为城市交通节点的邻接矩阵。网约车需求数据的三阶张量表达形式如公式（5.1）所示，其中，$(n，h，w)$ 表示正整数，n 表示网约车需求数据的时间顺序，$h×w$ 构成的矩阵表示网约车需求数据的空间关系。

$$M \in \mathbf{R}^{n \times h \times w} \tag{5.1}$$

将网约车需求数据的三阶张量以向量为单位进行划分，按照时间顺序展开的表达式如公式（5.2）所示。其中 n 表示为网约车需求数据的时间，含义为按照时间排序的时间间隔片段。

$$M = \{m_k | k = 1, 2, 3, \cdots, n\} \tag{5.2}$$

将网约车需求数据的三阶张量以矩阵形式展开的表达式如公式（5.3）所示。其在本书中的实际意义是划分出的网约车区域节点的邻接矩阵。$m_{h \times w}$ 是

邻接矩阵 m 的元素，h，w 表示为研究区域划分出的子区域的编号，$m_{h \times w}$ 元素的表示含义为子区域 h 到子区域 w 在时间间隔内的网约车流量变化。道路交通中的网约车需求在特定时空条件下的数量可以用三个坐标标定，数据产生区域划分出的子区域的节点为空间的行列坐标，数据产生时刻所在的时间间隔为时间坐标，图 5.3 所示为网约车需求数据三阶张量的构建过程。

$$m = \begin{bmatrix} m_{1 \times 1} & \cdots & m_{1 \times w} \\ \cdots & \cdots & \cdots \\ m_{h \times 1} & \cdots & m_{h \times w} \end{bmatrix}, (h, w \text{ 取正整数}) \tag{5.3}$$

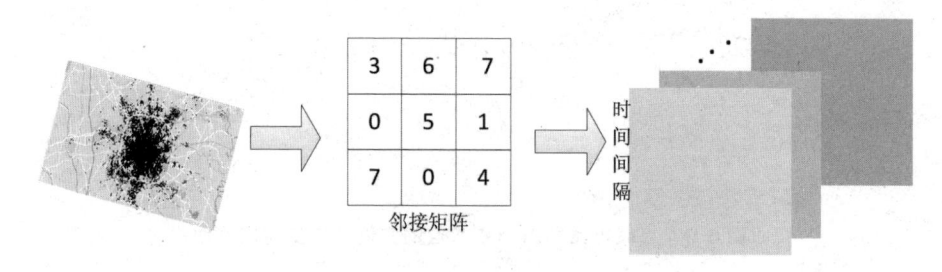

图 5.3 网约车需求数据的张量构建过程

5.3 基于二分 k-means 的路网节点评估

5.3.1 k-means 聚类思想

k 均值聚类算法（即 k-means 聚类算法）是一种典型的划分聚类方法，其思想是给定聚类数 k 时，通过最小化组内误差平方的来得到每个样本的分类。

k-means 聚类算法的基本流程如下：

Step1：从 n 个样本点中任意选择（随机分配）k 个作为初始聚类中心；

Step2：对于剩下的其他样本点，根据它们与这些聚类中心的距离，分别分配给与其性质最相近的分类中；

Step3：计算新的类中的聚类中心；

Step4：不断循环 Step2，Step3，直至所有样本点的分类中心或者分类不再发生改变为止。

第5章 面向二阶数据张量的交通空间特征分析

此算法不需要计算任意两个点之间的距离,对于大规模数据的分类问题收敛速率更快,但容易陷入局部最优的困境。此外,初始点的选择对于分类结果影响较大,会受到异常数据影响,因此本节在选择此分类算法的基础上,选用了二分 k-means 解决本节的应用问题。

5.3.2 基于二分 k-means 的节点交通特征评估算法

二分 k-means 聚类算法是典型划分聚类方法 k-means 算法的改进算法,与基本 k-means 算法[248]相比,它主要降低了初始点选取对聚类算法的影响。本算法的主要思想是假设要将样本数据分为 k 簇时,先用基本 k-means 算法将所有的数据分为两个簇(通过最小化组内误差平方和来得到每一个样本点的分类),从结果中选择一个较大的簇,继续使用基本 k-means 算法进行分裂操作,直到得到 k 个簇,算法终止。

对应节点聚类的样本集由网络拓扑中交通网络节点组成 $X = \{x_1, x_2, x_3, \cdots, x_m\}$,其中 m 是节点数据的数量;每个样本均通过多个交通特征对样本点进行描述。每个样本点 $x_i = \{x_{i1}, x_{i2}, x_{i3}, \cdots, x_{id}\}$,$x_{id}$ 表示第 i 个节点的第 d 个属性值,$x_{i1}, x_{i2}, x_{i3}, \cdots, x_{id}$ 选择节点的属性分别为网络节点相似度 S_i、网络节点平均相似度 $\overline{S_i}$、网络节点交通波动性 A_i、网络节点平均交通波动性 $\overline{A_i}$、网络节点交通强度 I_i、网络节点凝聚度 CEN_i。

5.3.3 节点异质性评估

对节点集进行节点异质性分析,首先要确定交通控制的节点等级数目,保证交通网络的可靠性并权衡动态交通分配可操作性,一般可将城市网络节点影响重要程度分为"微度""轻度""中度"和"重度"四类。城市网络节点影响程度分布并不均,为衡量节点重要度符合分布特征,采用信息熵来衡量节点重要度分布的异质性,节点熵值越大,它的重要度分布的异质性越大。

在节点通过二分 k-means 的节点聚类之后,采用重要度分布熵和聚类集中节点平均度来衡量构建的城市交通网络中节点的重要度分布的异质系数 H,如式(5.4)。对聚类集异质性 H 由大到小排列,按照相应的顺序分配节点集的影响程度为"微度""轻度""中度"和"重度",从而确定节点集内相应节点的异质性。

$$H_k = -\ln \frac{\text{num}(N_k)}{m} \cdot d_k \qquad (5.4)$$

其中，num（N_k）表示路网节点聚类第 N_k 簇中节点的数量，d_k 表示第 k 个聚类集的节点平均度。

5.3.4 聚类节点评估的实例应用分析

5.3.4.1 实例数据集及方案设计

选取厦门市实际数据按上述方式抽象城市交通网路拓扑，构建的城市交通网络由 782 个节点和 2 180 条边组成，获取的城市交通网络节点度分布双对数曲线如图 5.4 所示。采用 2015 年 1 月中三个工作日四个时间段的相关 738 023 条交通数据记录提取交通特征，选取四个时间段分别是早高峰（7：00—9：00）、午平峰（11：00—14：00）、晚高峰（16：00—18：00）和夜平峰（19：00—22：00）。实验根据实际数据提取交通特征如网络节点相似度、网络节点的交通波动性、交通强度和网络节点的凝聚度等，以这些交通特征作为网络抽象节点属性，进行节点聚类分析。对节点集进行节点聚类后的异质性分析，首先要确定聚类算法的二分 k-means 的分类数 k。为保证动态交通分配的可操作性，城市网络节点影响重要程度分为四类，因而选定二分 k-means 的分类数 $k=4$。

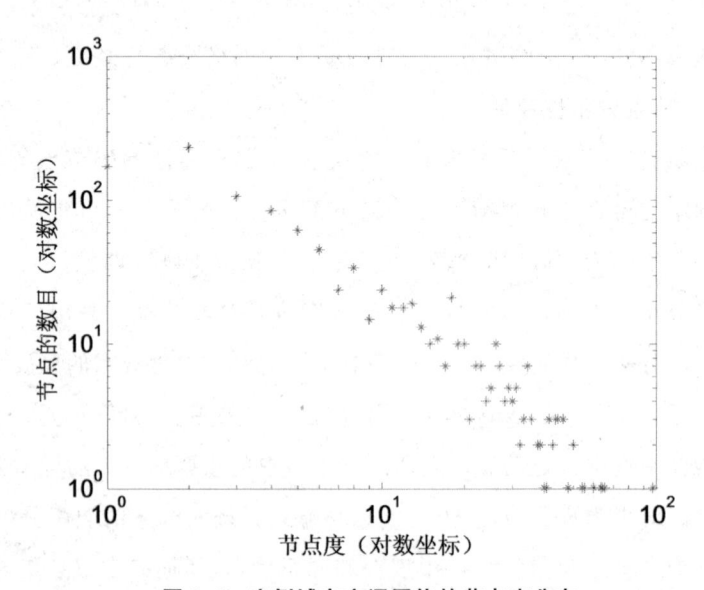

图 5.4 实例城市交通网络的节点度分布

第5章 面向二阶数据张量的交通空间特征分析

5.3.4.2 实验聚类分析

通过 Matlab 实现基于二分 k-means 的节点聚类算法,分类数 $k=4$,由文献[12]的研究和实际路网数据确定交通强度计算中参数 A,a,参参数 A,a 的选定如表 5.1 所示。聚类结果如表 5.2 所示。

表 5.1 交通强度计算中参数表

类别 k	早高峰 平均度	高峰流量/(pcu·h^{-1})	H	午平峰 平均度	高峰流量/(pcu·h^{-1})	H	晚高峰 平均度	高峰流量/(pcu·h^{-1})	H	夜平峰 平均度	高峰流量/(pcu·h^{-1})	H
1	5.36	964	9.842	8.54	892	55.007	5.84	724	8.593	8.37	868	17.872
2	6.87	1978	12.001	5.16	912	10.278	7.15	1108	11.559	6.63	536	9.756
3	3.63	652	5.511	3.09	572	3.846	10.93	1656	55.606	3.07	660	3.958
4	10.38	2172	39.217	8.86	924	17.622	2.87	564	5.214	7.39	876	63.635

由表 5.2 可知,由于网络节点流量和交通网络特征分别对不同时间段如早高峰(7:00—9:00)、午平峰(11:00—14:00)、晚高峰(16:00—18:00)和夜平峰(19:00—22:00)的 782 个节点进行聚类分析,聚类后采用重要度分布熵和聚类集平均度来衡量节点类的异质系数 H。其中每个时期各分类的异质系数 H 体现该分类节点的重要程度,由于每次分类中节点数目不同,因而异质系数 H 并没有随高峰流量成正比例变化,如早高峰时段高峰流量 964 pcu/h 对应的 H 为 9.842,然而到午平峰时段的分类中,高峰流量 892 pcu/h 对应的 H 值突然增到 55.007,体现该时段具体分类所包含节点数增多,相对交通网络中拥挤程度更为严重。每分类计算得到异质系数 H 的大小排序,对网络节点集进行染色,以系数从大到小分为四类,对应不同节点染色深浅四个不同程度,实例城市交通网络的早高峰、午平峰、晚高峰和夜平峰四个节点聚类染色(四种深度对应四种分类)效果图分别如图 5.5、图 5.6、图 5.7 和图 5.8 所示。

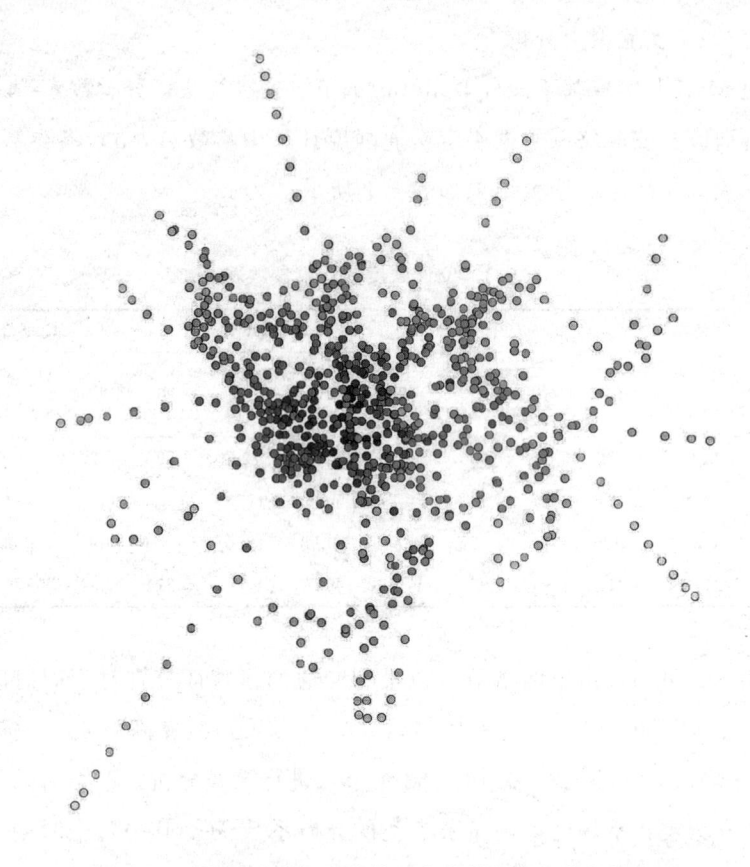

图 5.5 实例城市交通网络的早高峰节点聚类染色效果图

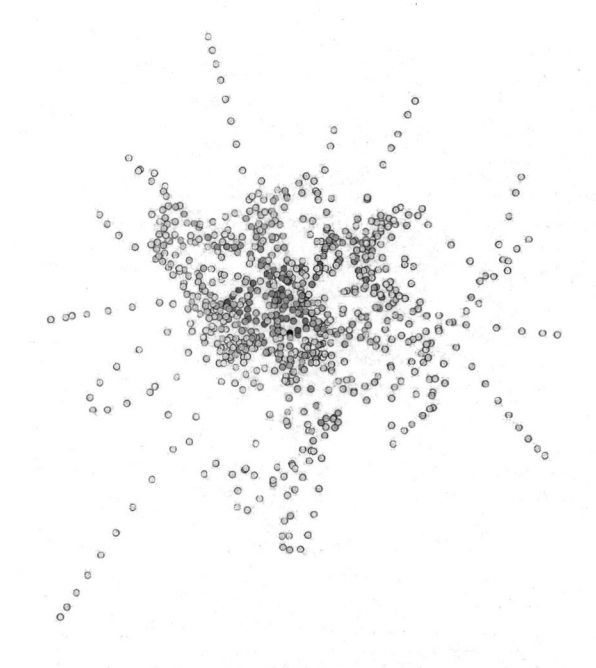

第 5 章 面向二阶数据张量的交通空间特征分析

图 5.6 实例城市交通网络的午平峰节点聚类染色效果图

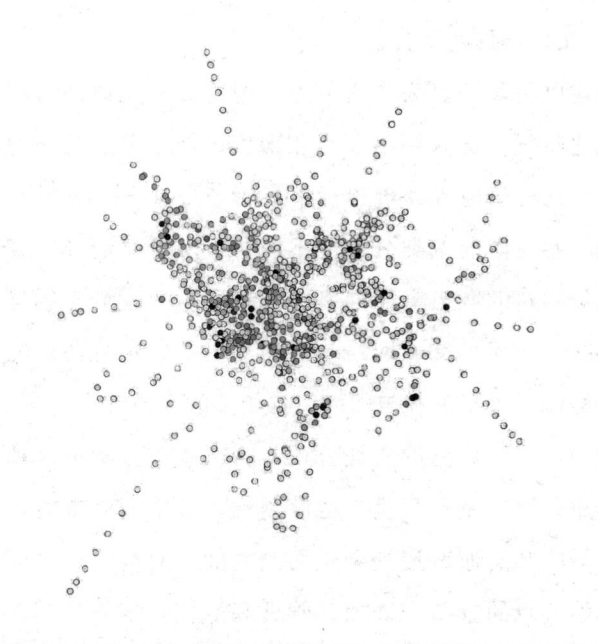

图 5.7 实例城市交通网络的晚高峰节点聚类染色效果图

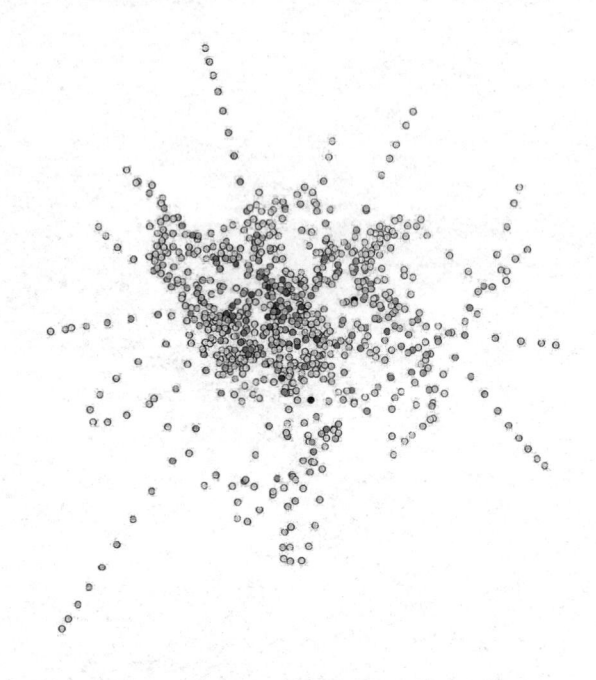

图 5.8 实例城市交通网络的夜平峰节点聚类染色效果图

5.3.4.3 实例数据特征分析

本书在构建以路段抽象为网络节点,构建城市交通网络的拓扑,根据拓扑结构结合交通特征,选取网络节点相似度、网络节点的交通波动性、交通强度和网络节点的凝聚度等评价指标,采用二分 k-means 聚类算法对节点聚类。基于不同考察时段的聚类分类的不同,采用重要度分布熵和聚类集中节点平均度来衡量构建的城市交通网络中节点的重要度分布的异质系数,得到基于二分 k-means 聚类的交通网络节点的异质性评估算法,综合考虑与时变流量相关、与经济环境相关和与网络结构相关的交通特征。

通过对厦门市实际数据的实证分析,验证了该方法可以动态评估网络中网络节点在不用时段的重要程度。也就是说,每个网络中的评价目标的重要程度也是随着时间和交通参量的变化而改变的。交通管理部门可针对动态评估出的交通网络节点的重要程度加强管理和监控,该方法为提高交通管控效率和车流疏导提供可靠依据。

5.4 基于加权 GN 算法的路网区域划分方法

城市交通网络的动态分区是城市区域交通管理与交通诱导的前提和基础，路网分区能提高城市交通管理和诱导效率[73]。由于城市路网的离散性和非线性的特征，可以将路网的分区问题转化为一个复杂网络的社团划分问题。GN 算法对中小型网络能有很好识别其结构的特点，城市路网的节点数一般小于 2 000 以下，GN 算法能够根据路网的特征很好地划分社团中的节点[74]。

5.4.1 加权 GN 算法概念

GN 算法是 Girvan 和 Newman 在 2002 年提出的一种利用边介数概念的层次聚类分裂算法，是社区算法中最经典、应用最广的算法，其核心思想是根据社区中每个节点的相似度，将不同节点分配到不同区域。相较于传统社团划分算法，GN 算法可指定目标社团的划分数量和大小，对社团中相关性强的节点的划分也较为准确[74]。GN 算法的思路为：从社区最原始节点数量出发，计算网络中所有边的边介数，并不断移除边介数最大的边，直到网络中所有边都被移除，得到关于社区网络的最优结构。

5.4.2 模块度函数

Newman 等[134]提出模块度函数作社区划分好坏的评价标准。在整个网络结构中，当社区外部节点之间相似度较低，而社区内部节点之间相似度较高时，可以判别该社区有一个良好的划分结果。在加权网络中，Q 函数表述为

$$Q = \frac{1}{2M} \sum_{i,j} \left[\left(a_{ij} - \frac{k_i k_j}{2M} \right) \delta(\sigma_i, \sigma_j) \right] \qquad (5.5)$$

其中，M 为边权重之和的 $\frac{1}{2}$，a_{ij} 节点 i 与 j 间边的权重；k_i，k_j 为节点 i，j 的点权；δ 为隶属函数，当节点 i 和 j 属于同一个社团时为 1，否则为 0。

若将网络 $G(V, E)$ 分为 m 个社区，e_{ij} 表示社区 i 和 j 中边数目和总边数量的比，表示社区 i 中边数目和总边数量的比。在每次对节点分区时计算 Q 值，且 Q 值最大时，该网络的分区已到达理想状态，Q 的范围在 0~1 之间，Q 越大，则表面社区划分的结构越准确。

5.4.3 基于交通特征的加权 GN 算法

结合加权 GN 算法、路网拓扑结构以及路段行程时间的相关性[75]，对城市路网交通进行区域划分的实施步骤如下：

Step1：根据路网原始路段的编号和路段的行程时间，建立关于路网的点文件和边文件。

Step2：根据已知网络中节点集合 N 和不同节点边的方向权重 w，构造有向加权网络图 $G=(V, E)$。

Step3：将有向加权网络图 G 转换为无向加权网络图 $G'=(V, E)$。

Step4：根据无权网络图计算边介数，将边介数除以权重得到边权比。

Step5：不断删除网络中边权比最大的边，同时计算路网图的模块度。

Step6：判断网络是否包含未删除路段，若包含则转入 Step4，否则转入 Step7。

Step7：最终选取模块度 Q 最大时对应的社团网络划分结果。

5.4.4 路网区域划分的实例应用分析

5.4.4.1 实例数据集

实验测试硬件环境为：处理器 Intel(R) Core(TM) i5-9300H CPU @ 2.40GHz，内存 8GB，Windows 10 操作系统 64 位，硬盘 500G，代码编程语言为 Python。

本节验证道路网络选取宣城市中心城区路网，结合获得的卡口点编号、流量、行程时间等数据，如图 5.9，将路网中卡口点作为网络中的节点，将路网中路段的行程时间作为网络中边的权重，基于宣城市中心城区不同路段交通联系建立网络，通过加权 GN 算法进行社区划分，数据集来源于卡口 GIS-T 布点数据，其中包括 39 个卡口点，结合行程时间数据选取 60 个路段作为边，2016 年 12 月 6 日 12：00—12：15 时间段路段行程时间数据进行归一化作为权重，生成 .gml 输入文件，采用传统 GN 算法和加权 GN 算法对城市路网进行划分。

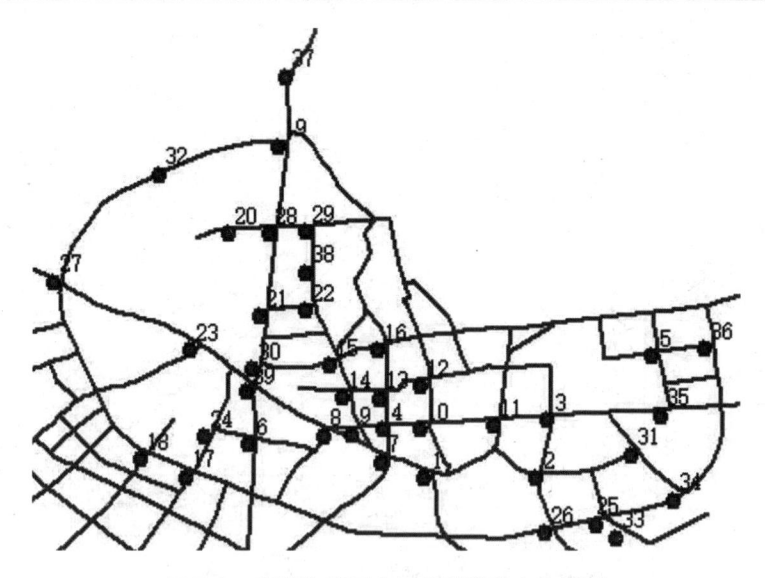

第5章 面向二阶数据张量的交通空间特征分析

图5.9 宣城市路网卡口点及道路中心线图

5.4.4.2 基于路网分区的加权 GN 算法实例结果分析

图 5.10 和图 5.11 展示了 GN 算法和加权 GN 算法的模块度 Q 的变化值。在将路网结构分别划分为 1~39 个社区中，两种算法的模块度 Q 都在分区数为 $k=5$ 时，网络的模块度函数 Q 出现峰值，且加权 GN 算法比 GN 算法的最大模块度 Q 数值大，表明将路段的行程时间作为权重加入 GN 算法后，分区的结果更优，更能体现邻接的边与点之间的相关性；随着分区数量的增加，模块度都在逐渐降低，说明实际路网中，各边之间的相关性也在降低。

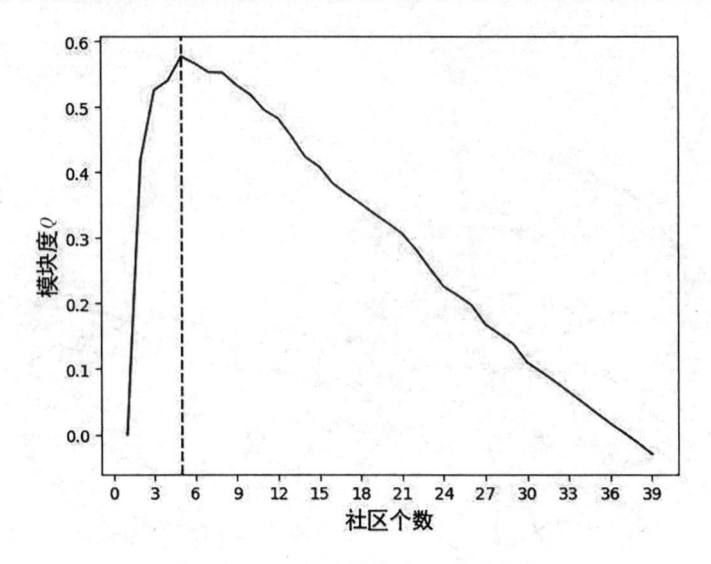

图 5.10　GN 算法模块度 Q 的变化值

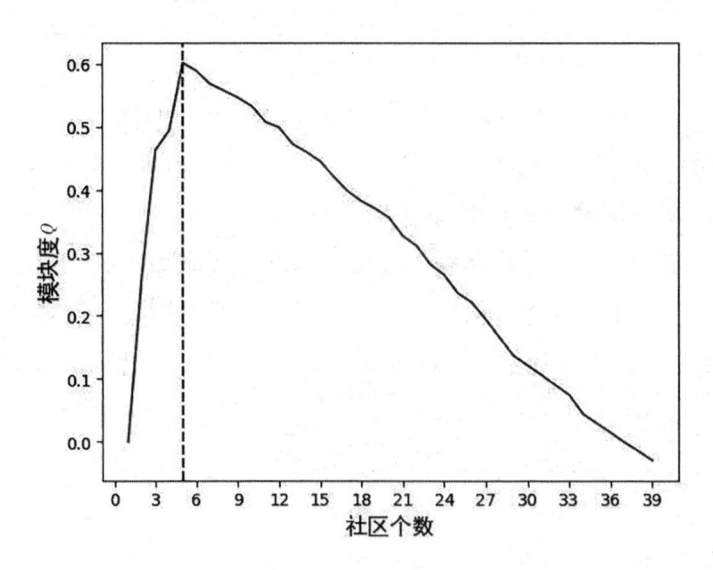

图 5.11　加权 GN 算法模块度 Q 的变化值

表 5.3 表明传统 GN 算法和加权 GN 算法下，不同分区数对应的模块度 Q 的值，选取两种算法在 $k=5$ 时模块度 Q 最大时的结果以及 $k=18$、$k=19$、$k=20$ 的结果进行展示。从表中可得，传统 GN 算法和加权 GN 算法，都在分区数为 5 时，模块度最大，说明此时路网分区的效果最好，但是基于流量特征加权的 GN 算法的模块度要大于传统的 GN 算法，表明加权后的分区效果

第5章 面向二阶数据张量的交通空间特征分析

更好,更能体现邻接的边与点之间的相关性。

表5.3 GN算法分区情况表

	分区个数	模块度 Q	分区情况
GN算法	5	0.5769	[[1, 2, 3, 33, 35, 7, 10, 11, 12, 25, 26, 31], [4, 9, 13, 14, 15, 16, 30], [34, 36, 5], [32, 6, 39, 8, 17, 18, 23, 24, 27], [37, 38, 19, 20, 21, 22, 28, 29]]
加权 GN算法	5	0.6017	[['10', '11', '1', '3', '35', '26', '31', '12', '33', '25', '2'], ['7', '9', '14', '13', '15', '4', '16', '30'], ['36', '34', '5'], ['27', '39', '18', '8', '24', '6', '17', '23'], ['29', '32', '21', '20', '19', '38', '22', '37', '28']]
	18	0.38208	[['26', '1', '2'], ['3', '31', '35'], ['7', '9', '4'], ['5'], ['24', '8', '39', '6'], ['12', '11', '10'], ['13', '14'], ['16', '15', '30'], ['17', '18'], ['28', '21', '29', '19'], ['20'], ['22'], ['27', '23'], ['33', '25'], ['32'], ['36', '34'], ['37'], ['38']]
	19	0.37	[['1', '26', '2'], ['31', '35', '3'], ['9', '7', '4'], ['5'], ['6', '24', '8', '39'], ['12', '10', '11'], ['13', '14'], ['15', '30', '16'], ['18', '17'], ['19', '28', '29'], ['20'], ['21'], ['22'], ['27', '23'], ['33', '25'], ['32'], ['36', '34'], ['37'], ['38']]
	20	0.3558	[['26', '2', '1'], ['31', '3', '35'], ['7', '4', '9'], ['5'], ['24', '8', '39', '6'], ['10', '11', '12'], ['14', '13'], ['15', '16'], ['17', '18'], ['19', '28', '29'], ['20'], ['21'], ['22'], ['23', '27'], ['25', '33'], ['30'], ['32'], ['36', '34'], ['37'], ['38']]

图5.12展示了GN算法在路网的卡口点社团划分数量 $k=5$ 时,交通路网分区可视图情况拓扑图,结合实际路网中卡口点之间距离特性,卡口点7,8,35等所分配的区域与预期不符,可发现无权网络不能很好地展示相邻路段间的相关性,说明交通路网分区不能仅依靠路段之间的连通性和模块度函数

等因素。

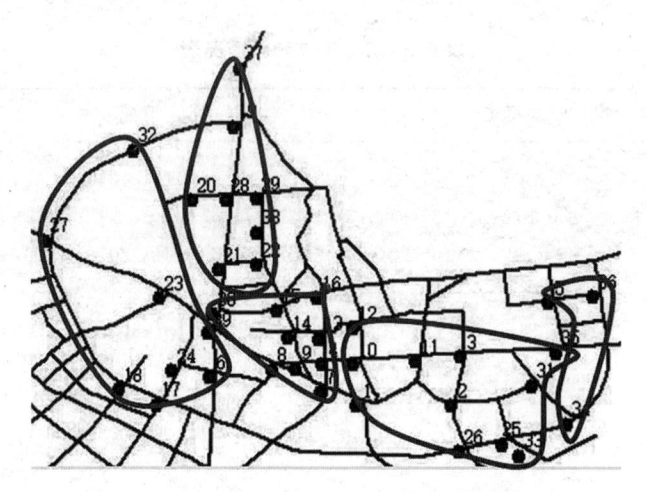

图 5.12　$k=5$ 时 GN 算法交通路网分区图

随着分区数量 k 值的增大，模块度在减小，区域内节点数在减小；当分区数量 $k=5$ 时，由卡口点分区可视化图 5.13，交通路网分区图 5.14 可得，分区结果与路网基础的空间属性相通，改进后的 GN 算法将行程时间作为权重结合了复杂网络的特性，构建边权模型，使交通区域划分结果更加合理。

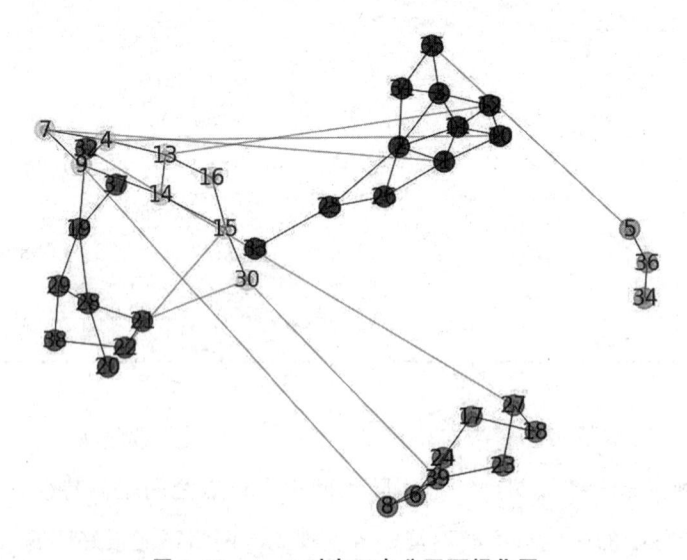

图 5.13　$k=5$ 时卡口点分区可视化图

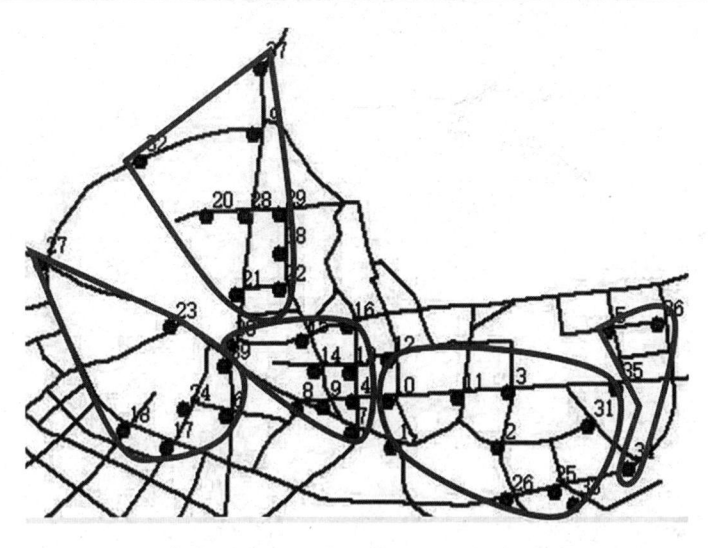

第5章 面向二阶数据张量的交通空间特征分析

图 5.14 $k=5$ 时交通路网分区图

  结合加权 GN 算法模块度 Q 的变化值图 5.11 和表 5.3 中 GN 算法分区情况表中实验结果，为第四章中讨论的路网均衡的路径推荐中考虑对重度拥堵的区域进行避让，若选择的分区数量 k 过小，则会造成路网中部分卡口点被避让，从而使路网中存在的路径数量会较少；若选择的分区数量 k 过大，则该分区结果的模块度结果会较小，说明路网的社团划分结构的聚类性质较差，划分结果不理想，且路网分区中单独中包含一个卡口点的区域会较多；最后，结合路网实际的拓扑结构和对重度拥堵进行避让的需求，分区数量 k 设为 20，卡口点分区可视化图如图 5.15 所示，交通路网分区图如图 5.16 所示。

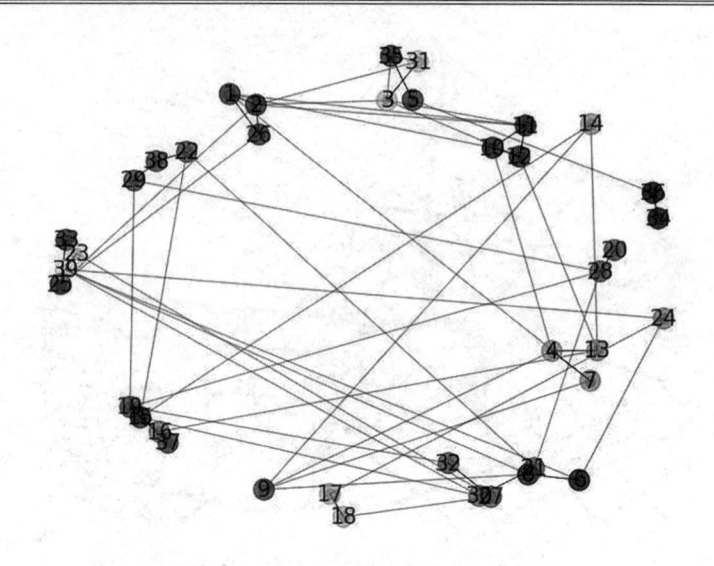

图 5.15　$k=20$ 时卡口点分区可视化图

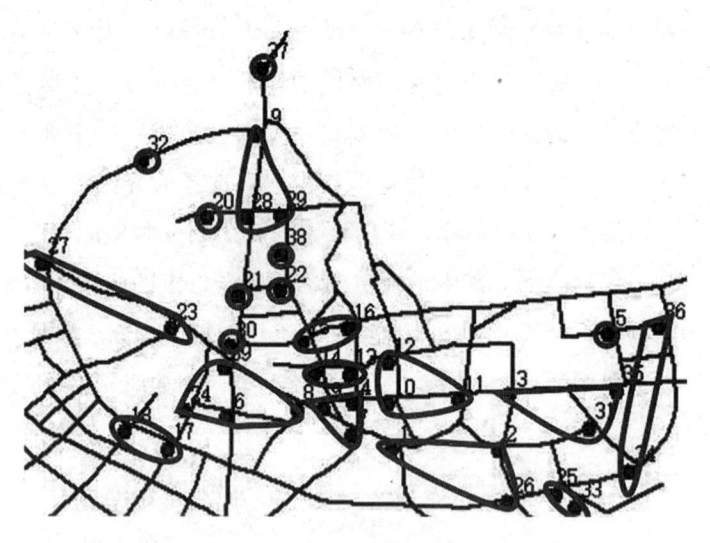

图 5.16　$k=20$ 时交通路网分区图

随着分区数量的增加，模块度都在逐渐降低，说明实际路网中，各边之间的相关性也在降低，结合拥堵区避让的条件和实际路网中路段相关度，选择分区数量为 20，分区结果为[2, 26, 1]、[3, 31, 35]、[4, 9, 7]、[5]、[6, 8, 39, 24]、[10, 11, 12]、[14, 13]、[16, 15]、[18, 17]、[29, 19, 28]、[20]、[21]、[22]、[27, 23]、[25, 33]、[30]、[32]、[34,

第 5 章 面向二阶数据张量的交通空间特征分析

36]、[37]、[38]，根据分区结果，按顺序将区域划分为 G1～G20。

5.4.4.3 基于区域交通状态识别的实例结果分析

根据基于图神经网络的行程时间预测的结果，可得预测的 60 个路段的行程时间数据，结合路网分区结果和区域状态识别的步骤，所有卡口点在 12：00—12：05 期间的交通状态划分的最终结果如表 5.4 所示，得重度拥堵区域为：G2、G3、G8、G11、G12；中度拥堵区域为：G1、G4、G5、G6、G7、G9、G10、G13、G15、G16、G17、G18、G20；轻度拥堵区域为：G14，畅通区域 G19，结合表 5.4 可得，部分处于重度拥堵的区域中单个节点组成的区域较多，由此可知交通状态识别结果和路网分区结果的相关性，单个节点与周围节点组成的边的边介数较小，同时结合流量特征组成的边权比也较低，该节点与其他节点的相关性较低，故被单独分为一个区域。

表 5.4 分区交通拥堵度情况表

区域编号	子区域卡口点	平均行程速度/(km·h^{-1})	交通拥堵度	颜色表示
G1	['2', '26', '1']	17.788 52	中度拥堵	
G2	['3', '31', '35']	13.312 27	重度拥堵	
G3	['4', '9', '7']	19.484 3	重度拥堵	
G4	['5']	14.282 02	中度拥堵	
G5	['6', '8', '39', '24']	11.932 32	中度拥堵	
G6	['10', '11', '12']	17.757 51	中度拥堵	
G7	['14', '13']	14.824 67	中度拥堵	
G8	['16', '15']	15.193 42	重度拥堵	
G9	['17', '18']	18.866 79	中度拥堵	
G10	['29', '19', '28']	18.392 34	中度拥堵	
G11	['20']	10.150 13	重度拥堵	
G12	['21']	14.113 02	重度拥堵	
G13	['22']	11.231 31	中度拥堵	
G14	['27', '23']	22.401 98	轻度拥堵	

续表

区域编号	子区域卡口点	平均行程速度/(km·h^{-1})	交通拥堵度	颜色表示
G15	['25', '33']	19.938 18	中度拥堵	
G16	['32']	18.056 74	中度拥堵	
G17	['30']	18.672 976 59	中度拥堵	
G18	['34', '36']	23.550 73	中度拥堵	
G19	['37']	44.786 03	畅通区域	
G20	['38']	18.763 634 54	中度拥堵	

5.5 考虑 POI 的出行需求热门区域划分

5.5.1 出行需求相关数据

兴趣点也称作 POI(point of interest)，通常指互联网电子地图中的点类数据。通过从围绕居民日常生活：工作、居家、休闲、出行 4 个方面选取代表性的 POI。本章选取以下 POI 数据点代表相应的网约车需求目的：选择餐饮大类的 POI 作为表征居民休闲娱乐的相关 POI，选择住宅类 POI 作为表征居民住宿的相关 POI；选择公司企业类 POI 作为表征居民工作的相关 POI；选择交通设施类 POI 作为表征居民外出的相关 POI。上述每个大类中又包含若干个小类，如表 5.5 所示，POI 的地理分布图如图 5.17 所示，其中图 5.17(a)所示为休闲娱乐相关的 POI 分布图，图 5.17(b)所示为住宿类 POI 分布图，图 5.17(c)所示为工作类 POI 分布图，图 5.17(d)所示为外出类 POI 的分布图。

表 5.5　POI 数据信息表

网约车需求目的	POI 类别	包含小类
休闲娱乐	餐饮	餐厅、酒楼、冷饮店等
住宿	住宿服务	住宅小区、宿舍、产业园区等
工作	公司企业	公司、企业等
外出	交通设施	公交车站、停车场、地铁口等

第5章 面向二阶数据张量的交通空间特征分析

(a) 休闲娱乐相关 POI 分布图

(b) 住宿相关 POI 分布图

图 5.17 成都市 POI 位置分布情况图

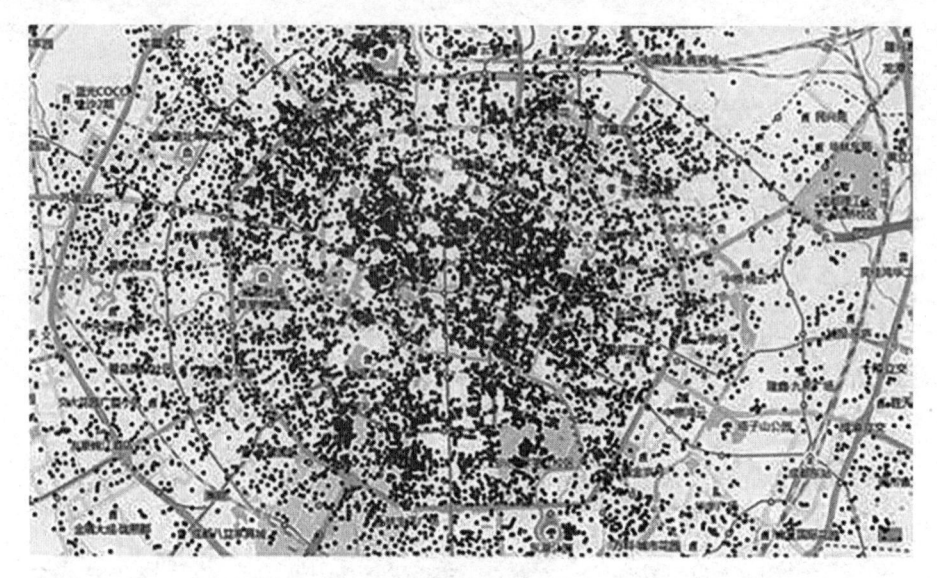

(c) 外出相关 POI 分布图

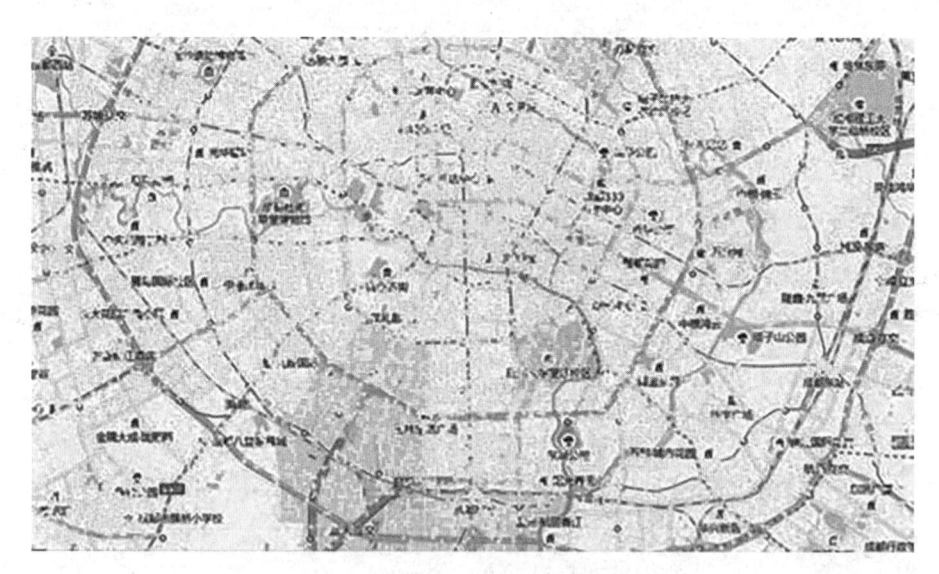

(d) 工作相关 POI 分布图

图 5.17 成都市 POI 位置分布情况图(续)

起止点数据指代 OD 数据,通常用于交通需求预测问题中。它是由起始点和目的地点所在位置组成的矩阵,用于表示一段时间内区域内的所有出行行为。OD 矩阵中的每个单独元素累加体现了出行量。该矩阵将所有区域按照

第5章 面向二阶数据张量的交通空间特征分析

行和列来表示，行表示起始区域，列表示终点区域。每个元素表示从该元素所在行序号的子区域到该元素所在列序号的子区域的网约车需求变化。将研究区域划分为 n 个子区域时，构成的 **OD** 矩阵大小为 $n \times n$。

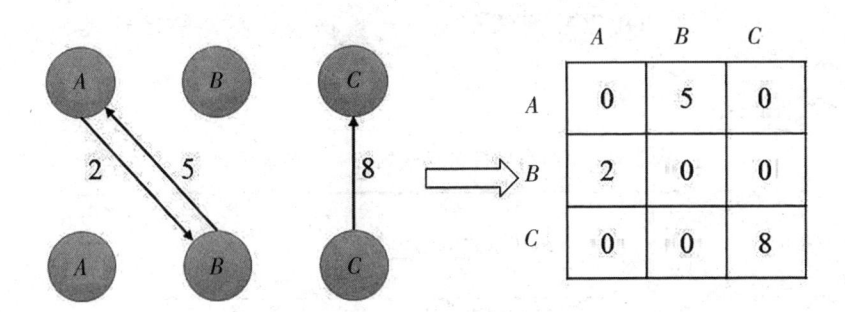

图 5.18　OD 矩阵实例图

本节采用滴滴出行提供的网约车订单数据集作为 OD 数据源，其中包含起点和终点位置以及时间信息。OD 数据的生成过程涉及单独订单数据的筛选和记录符合移动行为的起止点位置和时间点，以便计算 OD 矩阵。

使用的 OD 数据由滴滴出行提供，为网约车订单数据集，包含 OD 数据中所需要的起止点的位置与时间信息，OD 数据生成的重点就是从数据中找到每一条单独的订单数据，并记录符合一次移动行为的起止点位置与时间点，完成 OD 矩阵的累加。本小节给出一种基于网约车订单数据的 OD 数据生成方法：

Step1：将订单数据按照时间戳进行时间段的划分，以确定该条数据所在的 OD 矩阵的位置。

Step2：对每条数据中的起点位置坐标和终点位置坐标进行位置判断，判断每条数据起点所在的区域和终点所在的区域。

Step3：按照判定出的起终点所在区域位置序号对 OD 矩阵相应元素做累加，遍历整个数据集，完成 OD 矩阵的构建。

5.5.5 结合 POI 数据的网约车热门需求点选址

5.5.2.1 POI 数据与 OD 数据相关性分析

以成都市为例，分时段对区域的网约车需求数据进行聚类，得到广义的网约车需求点数据，以聚类得到的网约车热门需求点数据为中心，统计周围半径 1 000m 内的 POI 点和网约车 OD 点数据的数量，统计结果如表 5.6 所示。

表 5.6 网约车出行需求数据与 POI 数据统计表

POI 数量分组	网约车热门点个数	POI 总数	早高峰 OD 点数量	午高峰 OD 点数量	晚高峰 OD 点数量
[0, 500)	3	912	798	439	786
[500, 1 000)	4	3 275	1 424	1 655	1 362
[1 000, 2 000)	2	2 810	911	759	1 141
[2 000, 2 500)	9	19 743	8 740	10 257	9 950
[2 500, 3 000)	5	14 027	5 043	6 284	4 652
[3 000, 3 500)	1	3 464	2 498	1 308	1 423
[3 500, 4 000)	1	3 681	2 729	2 957	2 715

对于统计得到的三个高峰期的 POI 数量、网约车需求数量，使用线性方程进行拟合，以网约车需求数据的总量为因变量，POI 个数设为自变量，二者满足公式：

$$y = ax + b \tag{5.6}$$

对于三个高峰期网约车需求总数与 POI 数量的对应关系为：

早高峰：$y = 1.184\ 008\ 47x + 752.658\ 463\ 41$；相关系数：$R^2 = 0.839\ 783\ 65$

午高峰：$y = 2.524\ 728\ 83x - 88.457\ 903\ 1$；相关系数：$R^2 = 0.901\ 273\ 1$

晚高峰：$y = 2.342\ 781\ 31x - 33.274\ 915\ 03$；相关系数：$R^2 = 0.817\ 844\ 81$

图 5.19 所示的是高峰时段 POI 数据与 OD 数据拟合关系图，由分析结果可得出二者是正相关关系。

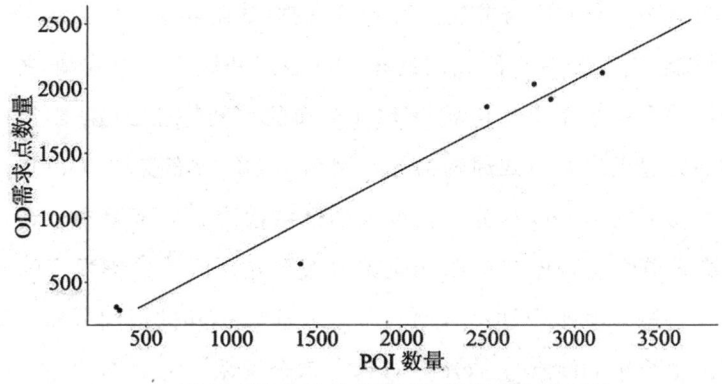

第5章 面向二阶数据张量的交通空间特征分析

(a) 早高峰 POI 数据与 OD 数据拟合关系图

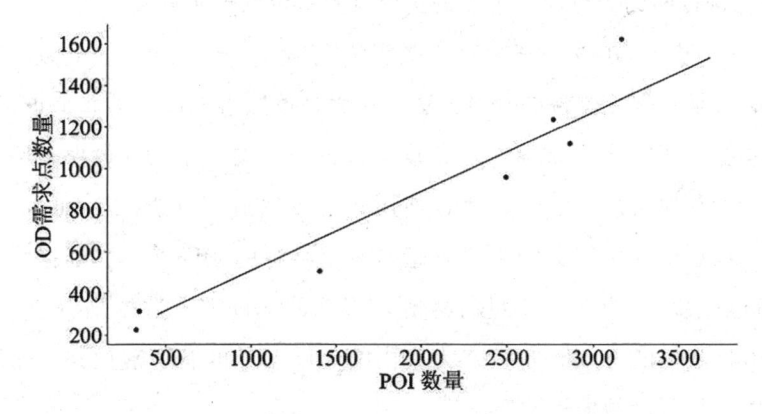

(b) 午高峰 POI 数据与 OD 数据拟合关系图

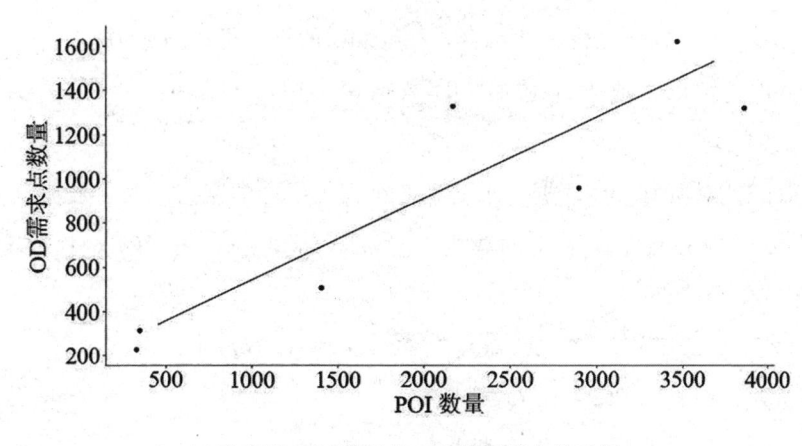

(c) 晚高峰 POI 数据与 OD 数据拟合关系图

图 5.19 高峰时段 POI 数据与 OD 数据拟合关系图

以成都市为例，对 OD 需求数据与 POI 数据(休闲娱乐、住宿服务、公司企业、交通设施)进行分析，研究网约车 OD 数据和城市 POI 分布之间的关系，乘客的网约车乘车需求顺应城市 POI 分布的空间特征，OD 需求密度分布以城市中心为起点向城市四周辐射开，网约车 OD 分布受城市 POI 点的影响，POI 分布与网约车 OD 点分布密度大的区域构成了城市繁华地带，并且POI 与 OD 数据分布呈现明显的组团集聚分布形式，区域繁华程度随着远离城市中心逐渐递减。基于上述结合网约车需求量与 POI 的空间分布关系的分析，可以得出网约车 OD 点与 POI 分布具有耦合关系，考虑网约车 OD 车点与城市 POI 进行网约车热门需求点的选取具有一定的现实意义。

5.5.2.2 基于 OD 数据的空间聚类算法

聚类算法是一种无监督的学习方法，作用是按照事先设定的相似度准则，将空间数据集中的对象分成多个相似度较高的类。网约车 OD 数据是经纬度点的数据，无其他的特征输入，适合使用聚类算法进行分析。k-means 算法对网约车 OD 数据进行聚类的主要思想是对于给定的 OD 需求点数据集，按照各个 OD 点之间的距离大小进行区分，将总的 OD 需求数据划分成 k 簇。划分后的 OD 数据的空间分布特点为簇内的 OD 点尽可能紧密相邻，而簇与簇之间的距离尽可能的大。

以网约车需求数据(O 点数据)为例，设数据集为 $D=\{x_1, x_2, x_3, \cdots, x_n\}$，表示 n 个数据点构成的集合，k-means 的算法可以描述为：

Step1：随机生成 k 个初始 OD 数据聚类中心 $C_1(0)$，$C_2(0)$，$C_3(0)$，$\cdots$，$C_n(0)$。

Step2：对所有 OD 数据，求其到 k 个聚类中心的距离，并将数据点 x_n 归类到与聚类中心点距离最小的簇内 $D_m(m=1, 2, 3, \cdots, k)$，迭代 Q 次，判定公式如公式(5.7)。

$$\|x_n - C_j(Q)\| < \|x_n - C_i(Q)\| \tag{5.7}$$

其中，$i, j = 1, 2, 3, \cdots, Q$。

Step3：每次迭代，更新聚类中心。

$$J_j = \sum_{x \in D_j(Q)} \|x - C_j(Q+1)\|^2 \tag{5.8}$$

第5章　面向二阶数据张量的交通空间特征分析

当 J_j 取得最小值时：

$$C_j(Q+1) = \frac{1}{N} \sum_{x \in D_j(Q)} x \qquad (5.9)$$

其中，N_j 是 $D_j(Q)$ 的样本个数。

Step4：对Step1、Step2和Step3对聚类中心进行迭代更新，在 n 次运行结果中选取代价函数最小的聚类结果。

k-means 聚类算法的聚类结果受 k 值选择的直接影响。若 k 值过小，则可能错误地将密度较大的两个簇合并为一个；若 k 值过大，则可能将过多的点错误标记为簇质心点，导致产生过多的簇。网约车需求热门区域和点指的是网约车需求次数和密度较大的地区和点。根据前一章对网约车时空特征的分析，将聚类簇类个数选择在20～30之间，并且应该优先考虑算法评价指标最优的参数，以尽可能地符合真实情况的聚类结果。本书引入轮廓系数（silhouette coefficient）来评估 k-means 距离算法的结果。该系数主要基于每个离散点与其所属簇类的相似度以及不同簇类之间的相似度进行比较。其取值范围在[-1, 1]之间，数值越接近1表示聚类效果越好，而数值越接近-1则表示聚类效果越差。计算公式如(5.10)所示：

$$SC_i = \frac{b_i - a_i}{\max(b_i, a_i)} \qquad (5.10)$$

其中，a_i 表示点 i 到同一簇类的所有离散点的距离平均值；b_i 表示点 i 与所有异簇类最小的平均距离取值。

对所有计算出的轮廓系数求平均值，结果即可用来度量聚类结果的紧密程度。

本书设置了循环迭代的方式，k 值取值从20开始，每次增加1，k 值取到30为止。在一天的不同时段，网约车的区域需求变化会随着居民不同的出行目的而变化，网约车热门需求区域也在改变，故本节通过研究高峰时期的网约车需求热门区域，探寻不同时间的网约车热门需求区域之间的共性规律，挖掘网约车热门需求区域。具体的处理方式是针对不同高峰时期，对 k 值进行迭代，以迭代不同 k 值的 k-means 算法得到的轮廓系数作为 k 值的选择依据，选择符合条件的 k 值。如表5.7所示，当 k 取24时，轮廓系数最大，因此本章将网约车热门需求区域的划分个数设置为 24。

表 5.7 不同 k 值的算法评价指标结果

k 取值	轮廓系数	k 取值	轮廓系数
21	0.363 092	26	0.362 207
22	0.376 300	27	0.393 749
23	0.396 976	28	0.372 450
24	0.416 932	29	0.372 242
25	0.389 621	30	0.365 673

5.5.2.3 热门需求点选址策略

本节基于 OD 需求点和城市 POI 数据进行聚类，以得到的聚类结果作为网约车热门需求点的选址依据来制定网约车热门需求点选址策略。网约车热门需求点的选址策略如下：

Step1：获取数据：获取相应城市区域的网约车 OD 需求数据和城市相关 POI 数据。

Step2：基于 k-means 聚类算法的 OD 数据聚类：分三个网约车需求高峰期，基于 k-means 聚类算法对 OD 数据进行聚类，得到三个时段广义上的 OD 需求点。

Step3：初步筛选网约车热门需求点：计算广义上的 OD 需求点吸引半径内的 POI 的数量，筛选出吸引范围内 POI 数量大于等于某个特定值的 OD 需求点，将其作为初候选的网约车热门需求点。

Step4：获取 24 个网约车热门需求点：对三个高峰时段筛选出的网约车热门需求点进行筛选，对于地理间隔较近的点，将相距较近的网约车热门需求点合并为一个点；对于地理间隔较远的"孤立"的网约车需求点，通过比较剩下候选网约车热门需求点吸引半径内 POI 的数量，从中筛选出 24 个热门网约车需求点。

Step5：对 POI 数据进行 k-means 聚类，获取最终网约车热门需求点：对候选的网约车热门需求点吸引范围内的 POI 数据再次进行 k-means 聚类，得到各个网约车热门需求点吸引范围内的 POI 的聚类中心，即是最终的网约车热门需求点的选址。

5.5.3 网约车需求热门区域划分

5.5.3.1 基于泰森多边形的区域划分理论

泰森多边形是一种空间平面的划分工具，它是由连接两相邻节点线段的垂直平分线组成的连续多边形，具有空间上的等分特性，目前在许多领域中有着较为广泛的应用[53]。在每个泰森多边形中只包含一个离散数据点，在每个泰森多边形内的任意一点到相应的离散点的距离最近，并且在位于泰森多边形边上的点到其两边的离散点的距离相等。泰森多边形在地理区域划分中将整个所研究的地理区域分为 N 个地理区域（N 为由空间聚类算法产生的网约车热门需求点的数目），划分后的每个子区域只包含一个网约车热门需求点，且划分后的子区域中任一点到该网约车热门需求点的距离最近。

以往的网约车需求问题研究中的区域划分大多是栅格的方式划分，这种划分方式忽略了实际路网之间的关联，会导致热门区域和边远区域的数据的疏密差距过大。由基于泰森多边形的划分方式划分出的地理区域具有网约车需求密集的地理区域面积小，网约车需求稀疏的地理区域面积大的特点。选取区域范围内根据网约车热门需求点选址策略选择的坐标点作为的泰森多边形的中心节点，以此对研究区域做出划分。对选取的网约车热门需求点做 Delaunay 三角划分，针对提取的 Delaunay 三角形构建泰森多边形。利用 Delaunay 三角剖分生成泰森多边形的算法如下：

Step1：对选择的网约车热门需求点构建 Delaunay 三角网。

Step2：根据生成的 Delaunay 三角网，将每个网约车热门需求点相邻的三角形进行逆时针排序，并记录。

Step3：计算所有三角形的圆心，连接网约车热门需求点的相邻三角形的外接圆圆心，即构成泰森多边形。

5.5.3.2 基于泰森多边形的网约车热门需求区域划分

在研究网约车需求预测问题时，对研究区域进行区域划分是非常必要的，对研究区域进行区域划分有助于提高预测的准确性。不同地区的人口密度、交通状况、经济水平等因素都会对网约车的需求量产生不同的影响。因此，将研究区域划分为若干个具有相似特征的子区域,可以更加准确地预测每个子区域内的网约车需求量。同时,区域划分也有助于进行精细化的运营管理。将研究区域划分为不同的子区域后,可以根据每个子区域的特征,制订相应的运营策略。比如,对于人口密度高、经济水平较好的子区域,可以加大投放车辆的数量,提高服务质量,以满足更高的需求量;而对于人口密度低、交通状况复杂的子区域,则可以采取灵活的定价策略,以吸引更多的用户使用网约车服务。基于泰森多边形的网约车热门需求区域划分算法步骤如下:

Step1:获取网约车订单数据,包括订单的起点和终点位置信息。

Step2:按照上一小节选址策略获得的网约车热门需求点为中心节点,并将该点作为该区域的代表点对研究区域进行基于泰森多边形的划分。

Step3:对于新的订单数据,根据订单的起点和终点位置信息,计算其所在的泰森多边形,判断该数据属于划分出的哪一个热门需求区域。

基于泰森多边形的网约车热门需求区域划分算法可以更好地发现和把握网约车需求时空分布规律,为后续网约车时空需求量的预测而服务。

5.5.3.3 区域划分的实例应用分析

爬取获得成都市局部区域相关 POI 数据,包含四个大类:工作、居家、休闲和出行,共 47 912 个数据点;使用滴滴出行数据作为实验数据,数据主要来自 2016 年 11 月的成都市二环局部区域轨迹数据,共计 706 万条,以 POI 数据及滴滴出行数据作为实验数据进行实例验证。

居民的日常出行通常以天为周期进行循环,不同的出行规律导致每天各个时段的出行总数存在差异。因此,课题以网约车需求数据为例,对工作日进行载客热点的挖掘。首先,将一天划分为 12 个出行时间段,每个时间段为 2h。其次,提取工作日的网约车上车点数据,并计算出日均出行量。最后,计算每个时间段的网约车需求量占全天总量的比重,以揭示工作日各时间段的网约车需求情况。结果如表 5.8 所示。

第5章　面向二阶数据张量的交通空间特征分析

表5.8　不同时段网约车出行需求统计表

时段	网约车需求占比/%
时段1(00：00—01：59)	2.84
时段2(02：00—03：59)	1.26
时段3(04：00—05：59)	0.89
时段4(06：00—07：59)	4.82
时段5(08：00—09：59)	12.14
时段6(10：00—11：59)	11.69
时段7(12：00—13：59)	12.43
时段8(14：00—15：59)	13.08
时段9(16：00—17：59)	12.46
时段10(18：00—19：59)	11.55
时段11(20：00—21：59)	12.14
时段12(22：00—23：59)	6.66

分别从上午、下午和晚间选取需求量占比最高的时段定义为早上、下午、晚间的高峰时期，从表中识别出三个时间段：08：00—09：59、14：00—15：59、20：00—21：59，来代表早上时段、下午时段、晚间时段。故针对工作日08：00—09：59、14：00—15：59、20：00—21：59三个时段进行网约车热门需求点的分析与挖掘。

以成都市为例，验证分析选址策略的有效性。根据选址策略：

(1)获取相关数据：爬取获得成都市局部区域相关POI数据，共47 912个数据点；使用滴滴出行数据作为实验数据，共计706万条，对11月1日三个高峰期时段内的轨迹数据进行OD数据提取操作后，分别获取22 143、23 659、22 029条数据；

(2)基于k-means聚类算法分三个时段进行聚类得到72个聚类中心，如图5.20所示，对72个聚类中心进行筛选，对这72个聚类中心进行筛选，对于相隔距离较近的聚类点进行合并处理，对于相隔较远的点，按照吸引半径内的POI数量从大到小进行排序，筛选出24个聚类中心，即广义上的网约车热门需求点。

(3) 对筛选出来的24个网约车热门需求点吸引范围内的POI进行再次进行k-means聚类，得到的聚类中心即是网约车热门需求点的最终选址。

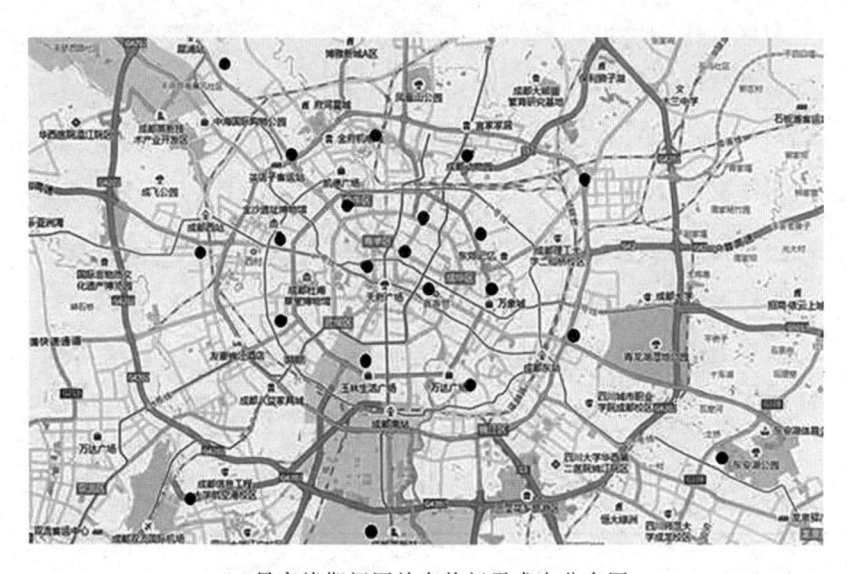

(a) 早高峰期间网约车热门需求点分布图

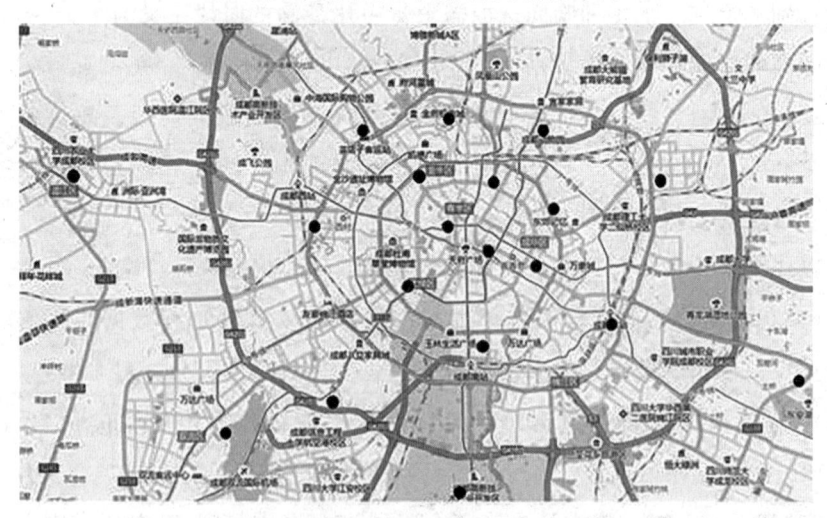

(b) 午高峰期间网约车热门需求点分布图

图 5.20 高峰时段网约车热门需求点分布图

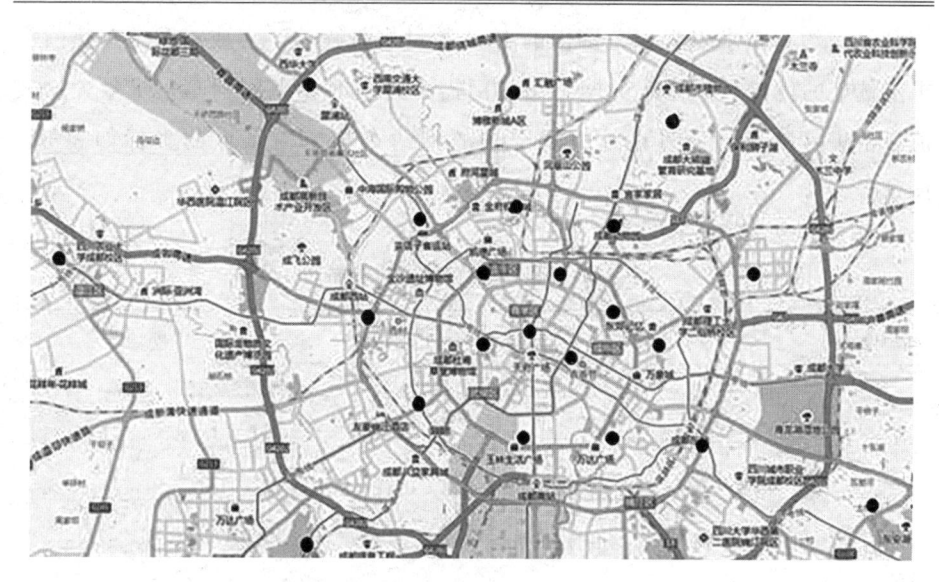

(c)晚高峰期间网约车热门需求点分布图

图5.20　高峰时段网约车热门需求点分布图(续)

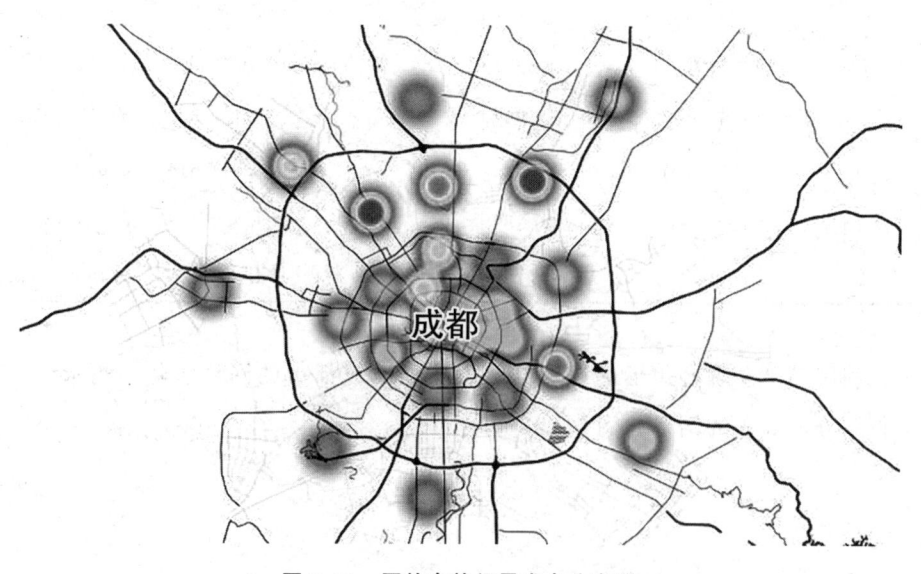

图5.21　网约车热门需求点分布图

由图5.21可以看出,POI和OD点的聚类结果呈现边缘分散中间密集的分布规律,由 k-means 聚类得到的广义的网约车OD点的分布与城市POI的热门区域相重合,表明广义上的网约车OD点位于人流量密集区域;通过对

· 119 ·

广义的网约车需求点根据范围内的 POI 数量进行筛选，完成对网约车热门需求点选址的优化，优化后的网约车热门需求点同时具备网约车需求量大、人流量密集等特点。通过选址策略得到的网约车热门需求点的坐标如表 5.9 所示。

表 5.9 网约车热门需求点分布表

区域编号	坐标	区域编号	坐标
1	[104.080 759, 30.684 257]	13	[104.154 577, 30.640 517]
2	[103.979 104, 30.671 126]	14	[104.110 282, 30.618 424]
3	[104.116 280, 30.658 165]	15	[104.058 304, 30.719 139]
4	[104.134 120, 30.766 006]	16	[103.967 533, 30.582 918]
5	[104.058 244, 30.761 780]	17	[104.085 844, 30.658 166]
6	[104.057 875, 30.624 055]	18	[103.938 741, 30.775 505]
7	[104.045 967, 30.692 277]	19	[104.039 852, 30.820 558]
8	[104.102 181, 30.710 861]	20	[104.049 743, 30.550 252]
9	[104.053 835, 30.665 997]	21	[104.108 370, 30.679 903]
10	[103.873 819, 30.691 023]	22	[104.012 614, 30.692 156]
11	[104.159 151, 30.700 389]	23	[104.201 847, 30.821 456]
12	[104.224 972, 30.589 751]	24	[104.003 459, 30.744 195]

利用基于泰森多边形的区域划分方式，对成都市的网约车热门需求区域进行划分，划分的结果如图 5.22 所示。

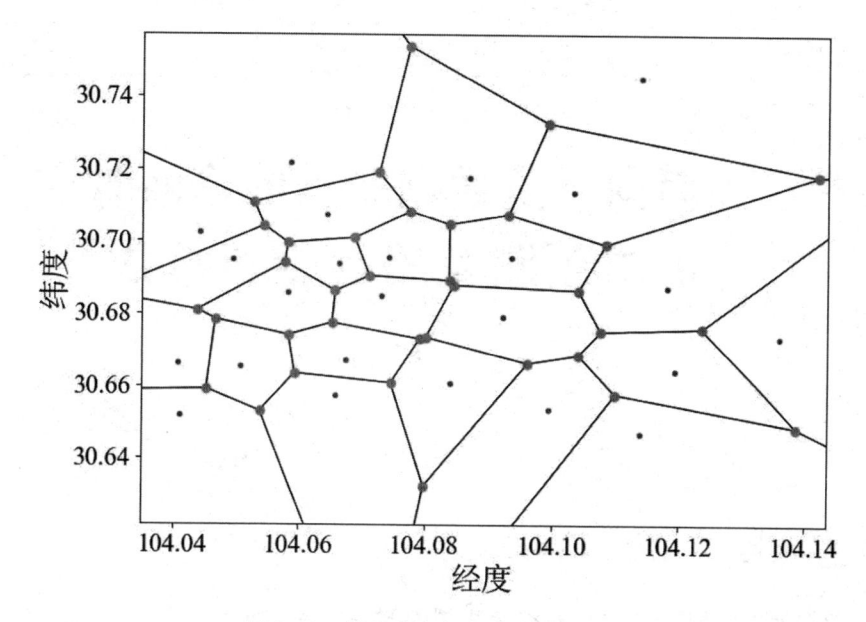

第 5 章 面向二阶数据张量的交通空间特征分析

图 5.22 基于泰森多边形的区域划分示意图

图中蓝色实心点表示根据上一小节的网约车热门需求点选址策略筛选得到的 25 个网约车热门需求点,黑色实线表示划分得到的泰森多边形的区域边界。这些区域主要分布在交通繁华地带(青羊宫地铁站、骡马市地铁站),住宅小区(五福佳苑、恒大西锦城)、办公上学区域(电子科技大学沙河校区、IFS 金融中心)、休闲及日常生活(万达广场、第四人民医院)。根据选址策略得到的围绕网约车热门需求中心的网约车区域分析可知,划分出的区域符合居民的实际日常生活及出行需求,具有现实意义。

第6章 面向三阶数据张量的路网时空需求预测及路径推荐算法

6.1 概述

一定周期内的城市网约车需求变化周而复始，网约车出行需求变化与城市居民的日常生活出行息息相关。为了给公共交通出行、政府决策、网约车调度提供有价值的理论参考，本章以城市道路交通区域作为分析对象，利用深度学习技术对区域内的网约车需求进行特征提取和预测。

本章以网约车需求为主体，分析城市区域网约车需求变化规律。以网约车热门需求点为基础，对研究区域进行地理交通小区的划分。由于长时期内的路网结构不会产生变化，表征城市网约车需求变化特征的就是时变的网约车交通流，具体的存储对象就是不断产生的网约车交通数据，实时产生的网约车交通数据刻画出网约车需求变化的动态特征。本章结合前文划分得到的网约车热门需求区域和构建的交通数据张量形式，确定网约车的时空状态矩阵，并作为输入变量输入网约车区域需求预测模型，完成对网约车区域需求的预测。

6.2 基于 SSA-Conv-LSTM 的网约车 OD 需求预测算法

6.2.1 相关神经网络方法

6.2.1.1 残差神经网络

残差神经网络（Res-Net）是一种用于提取二维数据特征的卷积神经网

络[54]。其引入了残差块，其中包含跨层连接，即残差网络的输出由两部分组成：一部分是输入数据经过卷积、激活函数等操作的结果，另一部分是原始输入数据。这种设计在神经网络层中加入了恒等映射层，使得网络可以更好地学习数据特征。残差网络是由多个残差单元串联起来的网络，具体结构如图 6.1 所示。

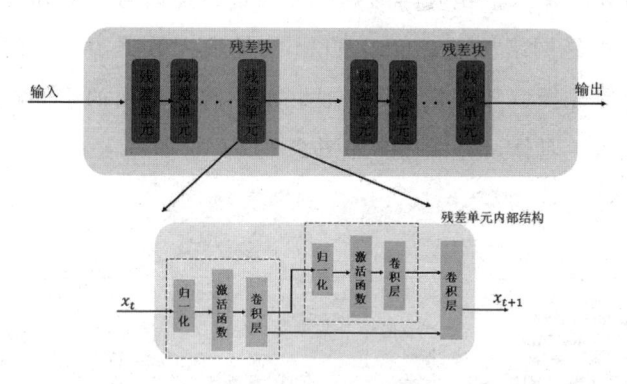

图 6.1 残差网络结构图

在深度网络中，通常是由一个非线性单元 $f(x;\theta)$ 逼近目标函数 $h(x)$，残差网络可以将目标函数拆分成两部分：恒等函数 x 和残差函数 $h(x)-x$。

残差网络的计算公式为

$$h(x)=x+h(x)-x \tag{6.1}$$

故残差网络的优化问题可以转化为非线性单元 $f(x;\theta)$ 近似残差函数 $h(x)-x$，并使用 $f(x;\theta)+x$ 去逼近 $h(x)$。

模型采用的残差网络由两个残差块构成，其中残差块由若干个残差单元构成，每个残差单元统一由批量归一化层（BN 层）、激活函数层（SelU 函数）和卷积层（Conv-2d）组成。BN 层用于加速神经网络的训练；激活函数层主要用于激活神经元，模型选用 SelU 函数作为激活函数是由于 SelU 激活函数和常见的 RelU 激活函数相比，得到的网络具有自归一化功能。在 $x>0$ 时形如 RelU 函数；在 $x<0$ 时输出相较于 RelU 函数更加平滑，使梯度持续衰减，缓解了网络中"梯度消失"问题；卷积层主要用于提取输入数据的特征。

$$\mathrm{RelU}(x)=\max(0,x) \tag{6.2}$$

$$\mathrm{SelU}(x)=\lambda\begin{cases} x, & x>0 \\ \alpha \mathrm{e}^x - \alpha, & 其他 \end{cases} \tag{6.3}$$

6.2.1.2 卷积-长短期记忆神经网络(Conv-LSTM)

研究使用的卷积-长短期记忆神经网络(Conv-LSTM)是以按照时间进行排序的二阶矩阵作为输入，在时间的顺序方向进行递归且所有循环单元按照链式连接的递归神经网络[55]。Conv-LSTM 捕捉输入数据中蕴含的时空依赖性的主体思路是首先提取数据的空间特征，然后将提取出的空间特征作为提取时间特征的输入，具体运算流程图如图 6.2 所示。

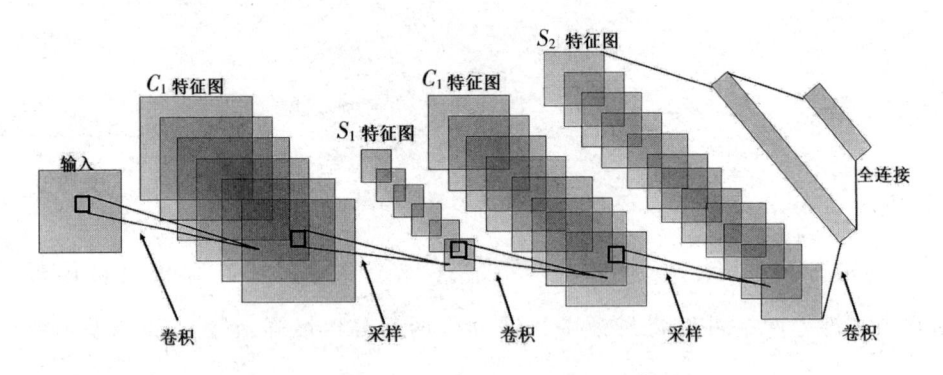

图 6.2 卷积－长短期记忆神经网络运算流程图

Conv-LSTM 的内部构造如图 6.3 所示，使用 x_t 作为输入，并使用输入门 I_t 和遗忘门 F_t 更新记忆单元 C_t，同时使用输出门 O_t 更新隐藏状态 H_t，使用 Sigmoid 激活函数，用 δ 表示。

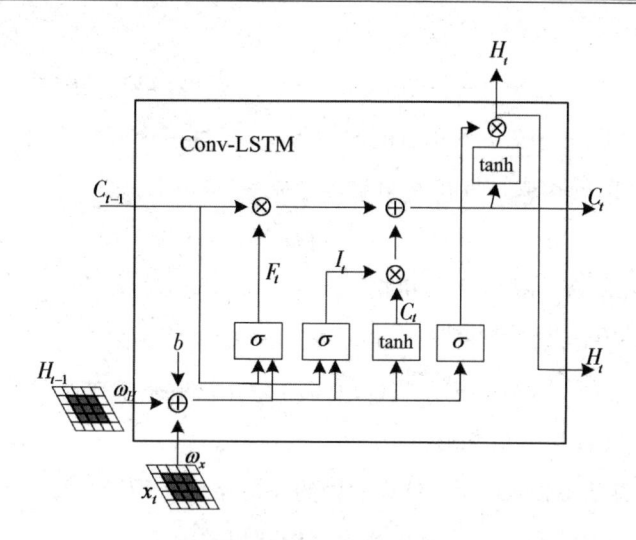

第6章 面向三阶数据张量的路网时空需求预测及路径推荐算法

图 6.3 Conv-LSTM 内部结构

Conv-LSTM 单元的运算如下：首先，将上个时刻的记忆单元 C_{t-1}、上一时刻的隐藏状态 H_{t-1}、输入数据 x_t 作为输入通过遗忘门。遗忘门 F_t 的表达式：

$$F_t = \delta(\omega_{xF} \cdot x_t + \omega_{HF} \cdot H_{t-1} + \omega_{CF} C_{t-1} + b_F) \tag{6.4}$$

当数据流入输入门时，输入门同样对三个输入进行筛选，计算公式为：

$$I_t = \delta(\omega_{xI} \cdot x_t + \omega_{HI} \cdot H_{t-1} + \omega_{CI} C_{t-1} + b_I) \tag{6.5}$$

记忆单元需要对隐藏状态和输入数据流图进行处理来对状态信息进行迭代，更新记忆细胞的表达式为

$$\widetilde{C}_t = \tanh(\omega_{xC} \cdot x_t + \omega_{HC} \cdot H_{t-1} + b_C) \tag{6.6}$$

即时更新的记忆单元的表达式为

$$C_t = F_t C_{t-1} + I_t \widetilde{C}_t \tag{6.7}$$

最终输出门输出为

$$O_t = \delta(\omega_{HO} \cdot x_t + \omega_{HO} \cdot H_{t-1} + \omega_{CO} C_{t-1} + b_O) \tag{6.8}$$

隐藏状态可以表达为

$$H_t = O_t \tanh(C_t) \tag{6.9}$$

上述表达式中的 $\omega_{\alpha\beta}$ ($\alpha \in \{x, H, C\}$, $\beta \in \{F, I, C, O\}$) 是 Conv-LSTM 的参数，最终输出隐藏状态 H_t 和记忆单元 C_t。

模型利用两个相连的Conv-LSTM单元来提取输入交通数据变量的网约车时空特性。将输入经过第一个Conv-LSTM单元计算得到的结果表示为H_t^1和C_t^1，而后结合历史状态H_t^1和当前的输入x_t经过一个卷积核为1的卷积层，进行一个特征图的提取，旨在发掘输入特征x_t提取公式为

$$W_t = \text{Conv}_{1\times 1}(H_t^1 \oplus x_t) \quad (6.10)$$

其中，$\oplus$表示对H_t^1和x_t进行拼接。

将x_t与W_t相乘得到的结果连同H_{t-1}^2和C_{t-1}^2作为第二个Conv-LSTM单元的输入，经过公式(6.4)至公式(6.10)的计算，最终生成的隐藏状态H_t^2作为Conv-LSTM模块的最终输出。

6.2.2 基于SSA-Conv-LSTM的网约车时空需求预测模型

6.2.2.1 网约车时空需求预测模型构建思路

通过分析网约车出行需求特征和影响因素，发现其具有多重时空依赖特征，包括邻域空间依赖性、历史出行需求序列以及相同星期属性流入量的时间依赖性。综合以上特征，本章主要考虑出行需求的时空分布特征以及网约车历史流入量的依赖性对出行需求的影响，建立网约车区域需求预测模型，利用Conv-LSTM神经网络捕捉时空特征。Conv-LSTM模型主要考虑两方面的影响，一是出行需求时空依赖性，指各子区域出行需求量依赖性，又分为临近出行需求序列、周期出行需求序列；二是历史流入量序列的时间依赖性，指各子区域历史流入量的依赖性。为了同时能够捕捉出行需求的时空特征，选择Conv-LSTM神经网络，将研究区域的每个子区域作为图像中的一个像素点，子区域的网约车出行需求量即为每个像素点的特征值[57]。然后将模型学习到的临近时间情况下的时空特征和周期情况下的时空特征进行动态融合，得到最终预测的交通流图。为了优化神经网络结构，本章利用SSA算法对网约车需求预测模型的神经网络结构进行优化，减少因结构复杂引起的过拟合，达到良好的模型预测效果。

麻雀搜索算法(SSA)是一种群智能优化算法，其灵感来源于麻雀觅食和逃避被捕食的行为[56]。该算法具有高搜索精度、快速收敛和稳定性强等优点。在麻雀种群中，根据寻找食物能力的不同，麻雀被分为觅食者、跟随者和警卫者，其中觅食者和跟随者的比例保持不变。通过评估当前位置的适应度来

判断麻雀个体和种群位置的优劣,并通过迭代更新来获得最佳个体和种群位置,以完成优化搜索。

种群中觅食者的位置更新公式如下:

$$X_{i,j}^{t+1} = \begin{cases} X_{i,j} \cdot \exp\left(\dfrac{-i}{\alpha \cdot \text{iter}_{\max}}\right), & R_2 < ST \\ X_{i,j} + Q \cdot L, & R_2 >= ST \end{cases} \quad (6.11)$$

其中,t 表示迭代次数;i 表示第 i 只麻雀;j 表示维度,即待优化值的个数;α 是(0,1]之间的一个随机数;R_2 是取值在(0,1]之间的预警值;ST 是取值在[0.5,1]的安全值;Q 代表服从正态分布的随机数;L 表示一个1行j列的全1矩阵。跟随者的位置更新公式:

$$X_{i,j}^{t+1} = \begin{cases} Q \cdot \exp\left(\dfrac{X_{\text{worst}}^{t} - X_{i,j}^{t}}{i^2}\right), & i > \dfrac{n}{2} \\ X_{p}^{t+1} + |X_{i,j}^{t} - X_{p}^{t+1}| \cdot A^{+} \cdot L, & \text{其他} \end{cases} \quad (6.12)$$

其中,$X_{i,j}^{t}$ 是食物最多的位置;X_{worst}^{t} 是食物最少的位置;A^{+} 是元素全为 ±1 的矩阵。

当警卫者意识到危险时,进行反捕食行为,公式如下:

$$f(x) = \begin{cases} X_{\text{best}}^{t} + \beta \cdot |X_{i,j}^{t} - X_{\text{best}}^{t}|, & f_i > f_b \\ X_{i,j}^{t} + K \cdot \left[\dfrac{|X_{i,j}^{t} - X_{\text{worst}}^{t}|}{(f_i - f_w) + \gamma}\right], & f_i = f_b \end{cases} \quad (6.13)$$

其中,X_{best}^{t} 表示最安全的位置;β 表示学习率控制参数;$K \in [-1,1]$ 是麻雀转移方向参数;f_i 为麻雀的适应值;f_b 和 f_w 是最优和最差适应值,$\gamma \in [0.01, 0.5]$。

6.2.2.2　SSA-Conv-LSTM 网约车时空需求预测模型构建

本节提出了基于 SSA-Conv-LSTM 结构的网约车区域需求预测模型,模型具有两个模块:临近时间时空特征提取模块和周期性特征提取模块,每个模块都包括输入层、残差网络层、时空卷积层,最终两个模块的输出通过动态融合模块,经过反向归一化得到最终的预测结果。该模型的流程如图 6.4 所示,首先输入数据经过残差单元学习交通流特征,然后采用 Conv-LSTM 单元学习临近条件下的交通流时空特征和周期条件下的时空特征。第一个 Conv-

基于多阶数据张量的城市车辆出行需求预测及路径选择推荐方法研究

LSTM 单元的隐藏状态作为卷积层的输入，用于学习其时空特性，第二个 Conv-LSTM 单元提取隐藏状态。两个模块的输出经过全连接层的动态融合，并通过反归一化得到预测值。此外，本研究还提出了基于 SSA-Conv-LSTM 结构的网约车时空需求预测模型，其流程如图 6.4 所示。最后，麻雀搜索算法用于优化模型的超参数。

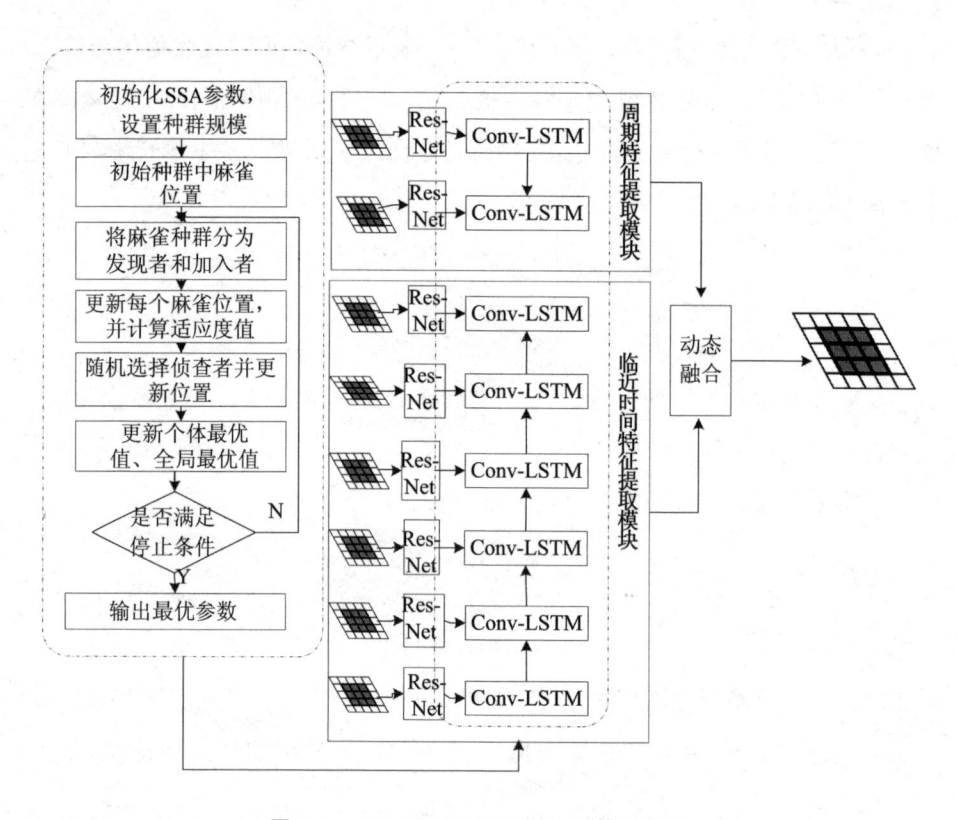

图 6.4 SSA-Conv-LSTM 网络运算流程图

模型运算过程如下：

Step1：确定输入模型的基本交通参量，对网约车交通数据进行处理，得到网约车需求流量矩阵 $M_d^t \in \mathbf{R}^{2 \times h \times w}$，定义为第 d 天第 t 个时间片段的网约车流量情况，两个通道分别表示流入通道和流出通道。

Step2：从交通参量形成的张量数据根据不同时间间隔提取相应的临近条件下的网约车需求张量数据和周期条件下的网约车需求张量数据

$\{D_d^{t-k}|k=n-1, n-2, n\cdots, 0\}$ 和 $P=\{D_{d-k}^{t+1}|k=m, m-1, \cdots, 1\}$，其中，$m$ 和 n 为提取的数据序列的步长。

Step3：利用残差模块对输入的网约车需求张量数据进行特征提取。残差模块有 N 个残差单元，其中用于提取临近时间特征的残差模块共有 16 个残差单元，用于提取周期性特征的残差模块共有 12 个残差单元，每个残差单元有两个卷积层，卷积核大小为 3，通道数为 16，且步长为 1。通过残差模块生成的特征分别为 $R_j^i(E)$ 和 $R_j^i(P)$。

Step4：基于临近时间条件和周期条件下的网约车需求时空特征提取。将 $R_j^i(E)$ 和 $R_j^i(P)$ 作为输入输送至 Conv-LSTM 模块，计算步骤按照公式 (6.4) 至 (6.10) 执行。在经历了最后一次迭代后，将最终的隐藏状态通过一个卷积核大小为 1 的卷积层，最后得到的结果 $H_E \in \mathbf{R}^{16 \times h \times w}$ 和 $H_P \in \mathbf{R}^{16 \times h \times w}$ 作为两个模块提取到的时空依赖关系。

Step5：特征动态融合。将提取到的时空依赖关系 $H_E=\{R(E)_d^{t-k}|k=n-1, n-2, \cdots, 0\}$ 和 $H_P=\{R(P)_{d-k}^{t+1}|k=m, m-1, \cdots, 1\}$，经过一个全连接层来学习两种时空依赖关系动态融合的权重，得到最终的融合临近时间特性和周期特性的网约车需求的综合时空特性 H_{EP}。

$$H_{EP}=r \times H_E+(1-r) \times H_P \tag{6.14}$$

Step6：将 H_{EP} 通过一个卷积核为 1 的卷积层来获取最终预测的网约车需求量，最终经过反归一化，得到预测值 $\hat{M}_d^t$。

6.2.3 OD 需求预测的实例应用分析

6.2.3.1 数据集描述

本书使用数据为成都市网约车 2016 年 11 月 1 日至 11 月 30 日网约车需求数据，数据总量超八百万条，经过数据处理后得到 607 万条数据，将数据按时间进行区域聚类后，得到 (30×24×4)=2 880 条数据，每组数据由一个 (2×25×25) 的流量矩阵和一个 10 位代表时间的字符串组成，其中流量矩阵的两个通道表示网约车的流入量和流出量。模型输入数据为同天当前预测时段的前 4 个时段（临近时间）或前 2 个时段（周期性选择）的网约车需求量。随机打乱各输入—输出数据对的顺序，同时，基于 max-min 标准化对数据整体归一化。选择数据集 70% 的数据作为训练数据，30% 的数据作为测试数据。

网约车运行随路网结构和居民出行整体呈现网络形式,各需求区域的时空分布存在联系,尤其是连接居民点和商业中心的区域。因此,网约车需求预测不仅要考虑各个区域之间的需求变化,还需要考虑各个相关联区域的空间分布。本书采用 Conv-LSTM 网络来学习网约车需求的空间特征,通过对网约车需求数据的区域聚类来实现。此外,本书考虑了客流出行需求和 POI 的相关性,类比真实图像构造网约车需求量的时空分布图。

一张完整的图像由多个图像通道组成,每个通道包含数个不可分割的小方格,这些小方格具有明确的位置和像素值分配,它们共同构成了图像的色彩和线条特征[58]。为了合理表示各个区域的网约车需求量分布关系,本书采用以下步骤构造相应的网约车需求时空信息图。

(1)依据上一章提出的考虑 OD 点与 POI 的网约车热门需求点的选址策略,对研究区域进行基于泰森多边形的分割,使得每个划分区域包含一个热门需求点,每个分割区域被视为图像的图像元素。

(2)根据滴滴出行网约车公开数据集,以 15min 为时间间隔,获取相同统计时段下各子区域网约车需求量,将其作为网约车需求时空图像的像素。

最终,网约车流量矩阵可以转换为长为 h 个长度,宽为 w 个长度的网约车需求时空"图像",每一个划分出的子区域的流量变化可以表示为 (m, n),$1 < m < h$,$1 < n < w$,表示区域 m 到区域 n 的流量变化。区域 m 流向区域 n 的第 d 天第 t 个时间片段的网约车需求量可以表示为 $x(m, n)_t^d$,集合所有子区域的流量变化可构造出研究区域的时空信息图,如图 6.5 所示。

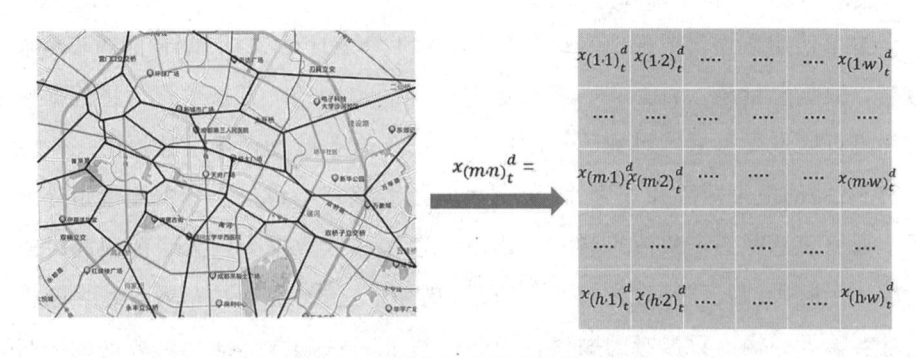

图 6.5 网约车需求时空信息构造图

6.2.3.2 实验方案设计

为验证基于 SSA-Conv-LSTM 的网约车区域需求预测模型的有效性,分别根据参数优化算法和神经网络模型两个部分设计对比实验依次验证模型。

首先,本书将所选的参数优化算法与常见算法进行对比。不同的优化算法对超参数组合的寻优策略有所差异,寻优结果将直接影响特征的表达能力,为获得较优组合,分别选取基于种群的遗传算法、粒子群算法、蚁群优化算法以及麻雀搜索算法作为对比模型。

在神经网络模型的对比实验部分,为验证 SSA-Conv-LSTM 网约车预测模型的准确性,将模型与其他预测模型进行比较。选取未进行优化的 Conv-LSTM 预测模型和预测时间序列常用的 LSTM 模型进行对比。

实验使用 Python 环境,应用 Pytorch 框架进行 SSA-Conv-LSTM 预测模型的编写。经过 SSA 算法寻优,可以获得 Conv-LSTM 需求预测模型的批处理大小、Conv 层中的卷积核、残差单元的个数分别是 48、3、8。其他参数见表 6.1。

表 6.1 SSA-Conv-LSTM 网约车需求预测模型参数表

算法名称	超参数	参数值
麻雀搜索算法	种群规模	20
	最大迭代次数	50
	安全值	0.8
	觅食者占比	0.2
	待优化维度	3
基于参数优化的 Conv-LSTM 预测模型	周期条件下时空特性的 Conv-LSTM 网络输入步长	2
	临近条件下时空特性的 Conv-LSTM 网络输入步长	4
	LSTM 通道数	16
	输入数据维度	24×24
	学习率	0.000 3

续表

算法名称	超参数	参数值
不考虑参数的 Conv-LSTM 预测模型	批处理大小	64
	Conv 层卷积核	5
	提取输入的张量数据的残差单元	12
	滑窗大小	5
LSTM 预测模型	隐藏层神经元个数	6
	输入输出特征	24
	激活函数	RelU
	训练算法	Adam

6.2.3.3 模型性能指标对比

研究设计的优化算法的对象为网约车需求预测模型的网络结构和网络超参数。批处理大小、Conv 层中的卷积核的大小、残差单元的个数分别是 48、3、8。根据实际情况可以设定网约车需求预测模型的批处理大小为[32,128]，步长为 12；Conv 层的卷积核大小为[3,5]；用于输入数据特征提取的残差网络的残差单元的个数为[8,16]；学习率统一设置为 0.000 3。

由表 6.2 可知，SSA 算法寻优结果为[48,3,8]，即批处理大小、Conv 层中的卷积核的大小、残差单元的个数分别是 48、3、8。PSO 算法收敛速度快于 GA、ACO，但是具有容易陷入局部最优解的缺点，导致优化后模型的误差较大，为 10.895%；GA 算法的寻优结果为[48,5,12]，耗时最长；由于预测模型内部的网络权重等参数在初始阶段是随机生成量，但是随着训练可以进行自适应调整，故在一定的模型误差范围内可认为优化算法的寻优结果相同，即 ACO 算法和 SSA 算法具有相当的寻优能力。在以上四种优化算法中，SSA 算法的收敛时间最短，为 1 806.12s，且优化后的模型误差最小。总体来说，SSA 算法在保证寻优参数的准确性的同时，具有较强的寻优速度和最小的优化误差。

第6章 面向三阶数据张量的路网时空需求预测及路径推荐算法

表 6.2 优化算法比较表

优化算法	寻优结果	优化后模型均方根误差/%	时间/s
GA	[48, 5, 12]	8.562	2 196.82
PSO	[48, 3, 8]	10.895	1 921.47
ACO	[48, 3, 8]	6.153	1 998.62
SSA	[48, 3, 8]	5.729	1 806.12

在算法的评价方面，选择 MAE、RMSE 作为评价指标来检验预测结果。MAE 为平均绝对误差，用来反映预测值误差的实际情况，用来衡量模型的精度；RMSE 为均方根误差，表示偏差的平均值，用来衡量模型的稳定性；MAPE 为平均绝对百分比误差，用来衡量模型的准确性。三个评价指标可表示为

$$\mathrm{MAE} = \frac{1}{n} \sum_{i=1}^{n} |Y_i - Y'_i| \tag{6.15}$$

$$\mathrm{RMSE} = \sqrt{\frac{1}{n} \sum_{i=1}^{n} (Y_i - Y'_i)} \tag{6.16}$$

$$\mathrm{MAPE} = \frac{1}{n} \sum_{i=1}^{n} \left(\left| \frac{(Y'_i - Y_i)}{Y'_i} \right| \right) \tag{6.17}$$

其中，Y_i 表示预测值，Y'_i 表示实际值。

为验证 SSA-Conv-LSTM 网约车预测模型的准确性，将模型与其他预测模型进行比较。选取未进行优化的 Conv-LSTM 预测模型和预测时间序列常用的 LSTM 模型进行对比。首先，对历史网约车需求数据进行清洗、整理和归一化，本节使用数据总量为 2 880 组，依据划分出的实际网约车需求热门区域，以 15min 为时间间隔划分时间段，各时段所对应的历史客流时空信息图大小为 25×25，取 30% 数据为测试的样本数据，其余则为训练集数据。考虑网约车需求的临近时间相关性及周期性，分别选取与待预测时间段的前 4 个临近时间间隔的网约车需求时空图、与待预测时间间隔紧邻的前 2 个相同星期属性的网约车需求时空图作为基于 SSA-Conv-LSTM 网络的深度学习模型的输入数据，预测未来时刻的成都某区域的网约车需求量，模型的预测值和

真实值的对比如图 6.6 所示。

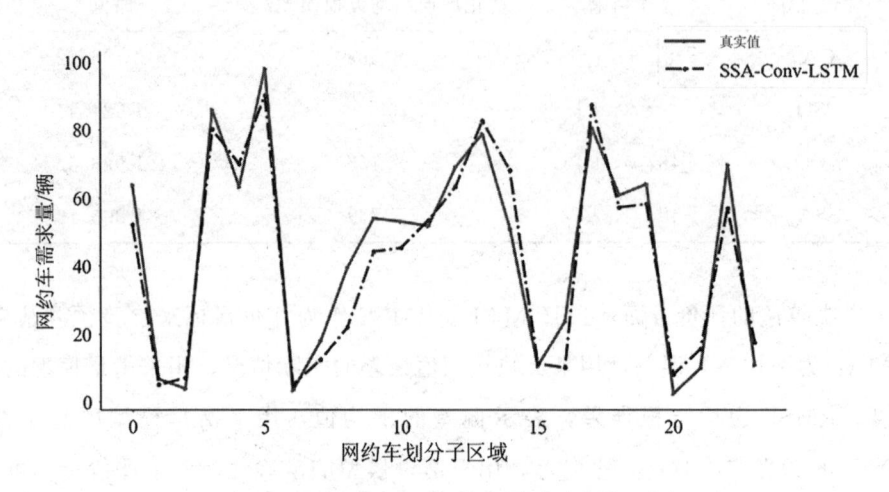

(a) SSA-Conv-LSTM 算法预测对比图

(b) 所有算法预测对比图

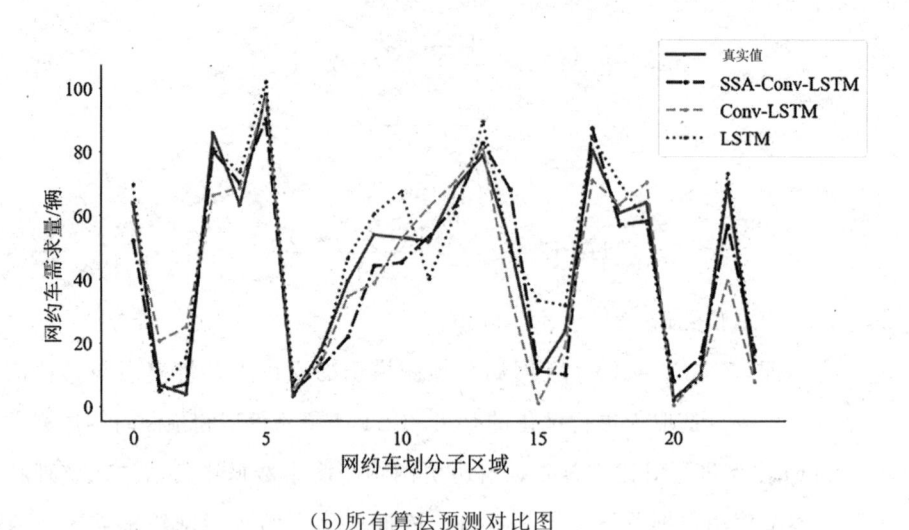

图 6.6 模型算法预测图

红色虚线代表真实值，彩色线条代表不同模型的预测值，横坐标代表不同的区域，纵坐标代表区域的需求量。从各个模型的预测情况来看，LSTM预测值较为平稳，对区域间的高峰值的需求量的预测表现较差；Conv-LSTM预测模型基本拟合各区域的需求量的高峰值和正常值的走势，但预测数值与真实值之间有一定的差距；SSA-Conv-LSTM 在符合各区域网约车需求量走

第6章 面向三阶数据张量的路网时空需求预测及路径推荐算法

势的基础上,可以更好地把握高需求量区域的需求规律,预测值更加贴近真实值,可以更好地反映网约车的时空变化规律。

为客观地对模型预测性能进行评价,分别从单个子区域随时间变化的预测值和相同时间段内不同子区域的预测值两个角度对各模型性能进行预测。从单个区域出发,挑选网约车需求量较大的区域(区域边界以逆时针为方向,坐标为[104.081 944,30.690 288],[104.081 235,30.691 188],[104.068 511,30.692 999],[104.063 281,30.688 208],[104.062 712,30.679 013],[104.076 641,30.674 599],[104.077 490,30.675 498]),对该区域的工作日和非工作日的网约车需求变化进行预测;从时间出发,挑选工作日和非工作日的高峰时间段(8:00—9:00)对全研究区域进行网约车需求预测。结果如图6.7和图6.8所示。

图6.7是预测结果图,图6.7(a)是工作日同一区域不同时间网约车需求量预测对比图;图6.7(b)是非工作日同一区域不同时间网约车需求量预测对比图。由图可知,该子区域在非工作日没有明显早高峰时间段,工作日的拟合程度远高于非工作日,LSTM由于对网约车需求空间特性的提取能力不足,因此模型的预测精度较低。SSA-Conv-LSTM需求预测模型可以较好地拟合任何属性的时间段的网约车需求变化,准确度高。

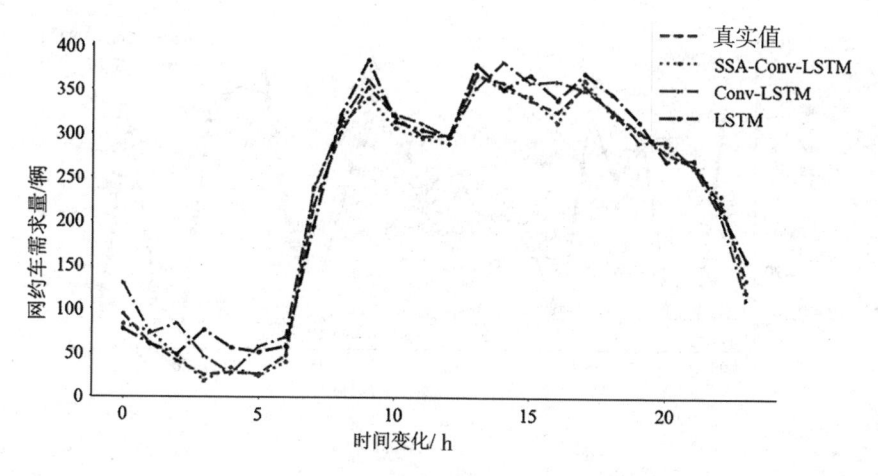

(a)工作日同一时间段不同区域网约车需求量预测对比图

图6.7 同区域预测结果算法对比图

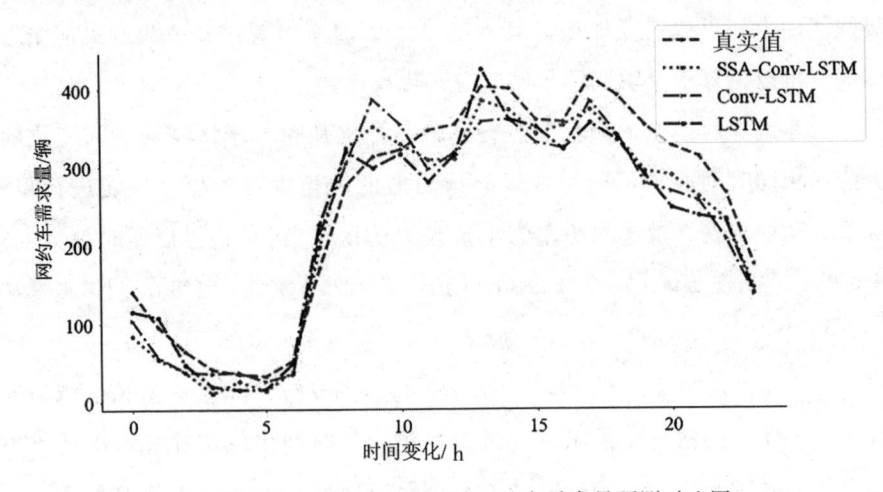

(b) 非工作日同一时间段不同区域网约车需求量预测对比图

图 6.7　同区域预测结果算法对比图(续)

图 6.8 为同时间段预测结果算法对比图。由图可知，所有模型在工作日时间的曲线拟合效果优于非工作日，原因在于周末的数据较少，LSTM 的拟合曲线波动尤其明显。在同一数据基础上，无论是工作日还是非工作日，SSA-Conv-LSTM 模型的预测情况都优于其他模型。

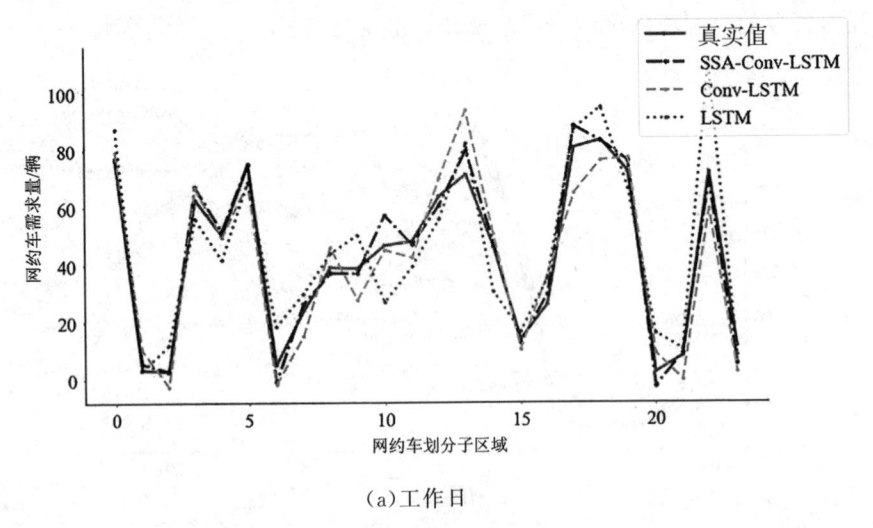

(a) 工作日

图 6.8　同时间段预测结果算法对比图

(b) 非工作日

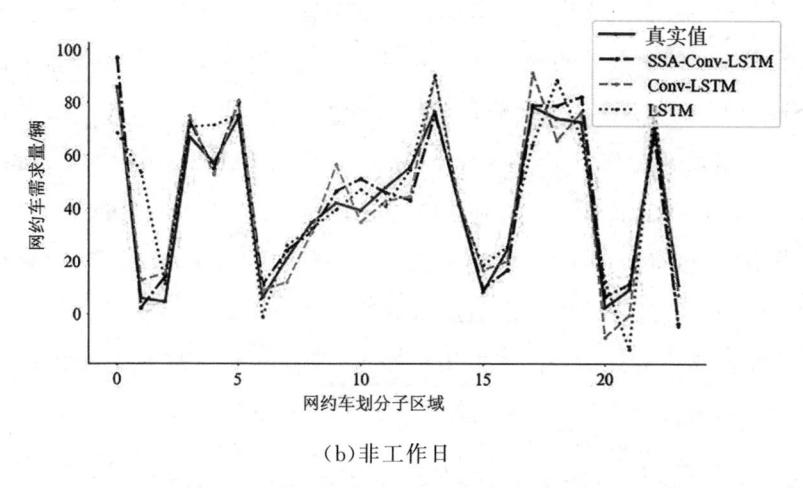

图 6.8 同时间段预测结果算法对比图(续)

为客观的对模型预测性能进行评价,分别从以站点为单位的预测、以时段为单位的预测两个角度对各模型性能评价指标进行比较,结果如下:

将 SSA-Conv-LSTM、Conv-LSTM 与 LSTM 三种模型就同区域、同时间段的预测结果进行对比,性能评价指标如表 6.3、表 6.4 所示。

表 6.3 同区域预测结果评价指标表

模型算法	工作日			非工作日		
	EMSE	MAE	MAPE	RMSE	MAE	MAPE
SSA-Conv-LSTM	5.15	4.01	2.24	5.51	4.49	2.16
Conv-LSTM	8.22	5.88	2.69	8.47	5.73	2.51
LSTM	47.59	32.14	11.72	45.82	31.99	11.04

表 6.4 同时间段预测结果评价指标表

模型算法	工作日			非工作日		
	EMSE	MAE	MAPE	RMSE	MAE	MAPE
SSA-Conv-LSTM	5.37	4.23	2.19	5.62	4.68	2.28
Conv-LSTM	8.76	5.74	2.37	9.01	5.57	2.94
LSTM	44.28	31.53	12.29	47.18	32.68	11.81

从表4.3和表4.4中可以分析出,本书提出的SSA-Conv-LSTM网约车需求预测模型的预测结果最理想,从同一时间段出发,工作日和非工作日的RMSE、MAE、MAPE分别是5.37、4.23、2.19;5.62、4.68、2.28;从同一子区域出发,工作日和非工作日的RMSE、MAE、MAPE分别是5.15、4.01、2.24;5.51、4.49、2.16。Conv-LSTM和LSTM对网约车的时空特征的提取能力不足,因此预测结果较差。另外,同一区域的预测效果往往优于同一时间段的预测效果,说明模型对网约车需求时空特征的把握在整体规律方面的提取上更具优势。本书提出的SSA-Conv-LSTM网约车需求预测模型在两种不同角度的评价指标上都体现了较好的稳定性。

6.3 考虑路网均衡的车辆出行路径择优推荐方法

随着数据驱动智能交通系统的迅速发展,高效的出行方式已成为智慧城市的研究热点,路径优化是进行动态路径推荐的基础,也是智能交通系统的关键,通过路径择优推荐能够平衡路网车辆出行路径的合理分配。结合实际城市路网特性,将行程时间作为目标,建立关于行程时间的路径择优模型,本研究基于预测的行程时间采用考虑路网均衡的路径择优推荐算法(route recommendation algorithm considering road network equilibrium, CRNE-RRA)进行路径推荐。其中考虑路网均衡的路径择优推荐算法,对于路网中的重度拥堵区域,考虑两种情况(1)将拥堵风险系数加入重度拥堵路段的行程时间,即$T_i\Phi$,采用CRNE-RRA寻找最短路径;(2)考虑路网中存在应急状态,对重度区域内的路段进行避让,采用CRNE-RRA寻找最短路径。

6.3.1 道路交通网络中路径择优目标

构建的路网基础定义$G=(V,E,A)$,路径择优问题可以描述为:给定出行的起止点,即出发地点和目的地(origin destination, OD),根据驾驶员不同的需求进行出行路径规划和诱导,在进行路径择优推荐时,考虑路段长度最短、旅行时间最短、道路拥堵度最低、出行成本最小等因素[84]。

1. 基于出行时间最短的路径择优方法

考虑路网的行驶时间和路段的延误时间,提出基于路径行程时间最短的路径规划方法U_1:

第6章 面向三阶数据张量的路网时空需求预测及路径推荐算法

$$U_1 = \min \sum_{i,j \in V, i,j} (t_{ij} + \Delta t_{ij}) \tag{6.18}$$

其中，V 为路网卡口点集，t_{ij} 为路段正常行程时间，Δt_{ij} 表示路段延误行程时间。

2. 基于出行距离最短的路径择优方法

仅考虑路网的出行路径最短，可根据 GPS 数据或相关部门公布的数据获得路段的距离，构建基于路径长度最短的路径规划方法 U_2：

$$U_2 = \min \sum_{i,j \in V, i,j} L_{ij} \tag{6.19}$$

其中，V 为路网卡口点集，L_{ij} 为路段长度。

本书主要以基于出行时间最短为目标进行出行者的路径择优推荐。

6.3.2 考虑路网均衡的路径择优推荐算法

6.3.2.1 CRNE-RRA 算法原理

为了量化城市路网中考虑避让拥堵区前后整体拥堵程度的变化，引入的路网拥堵均衡指数概念。对于整个城市路网，在时间帧为 t 时段内，路网拥堵均衡指数定义为一个二维向量：$\boldsymbol{M}_t[N,V]$，其中，N 为路网中路段数量；T_i 为基于 DGCN 预测所得的路段 i 行程时间，单位为 h；L_i 为对应的路段 i 长度，单位为 km；a 为归一化系数，算法中取 10，路网拥堵均衡指数 M_t 计算方式如下：

$$M_t = a \frac{1}{N} \sum_{i=1}^{N} \frac{T_i}{L_i} \tag{6.20}$$

为了进一步表征出拥堵风险概率，本书引入了拥堵风险系数 Φ，则 $T_i \Phi$ 表示了车辆前行时加入拥堵风险的行程时间，在某一重度拥堵区域内，C 为路段总数，C_i 为重度拥堵的路段数，拥堵风险系数计算方式如下：

$$\Phi = 1 + \sum_{i=1}^{C} \frac{C_i}{C} \tag{6.21}$$

将预测的行程时间做路网边的权重，并根据区域交通状态，对存在重度拥堵的区域中的路段加入拥堵风险系数，并考虑是否对重度拥堵的区域中节点进行避让，通过路径、行程时间、路网拥堵均衡指数等指标，构建基于行程时间的考虑路网均衡的路径推荐模型（route recommendation algorithm considering road network equilibrium，CRNE-RRA）。

6.3.2.2 CRNE-RRA算法设计

根据构建的路网基础定义 $G=(V，E，A)$，V 为卡口点，E 是点与点之间的边，假设路网中每一个节点$(d_t，p_t)$，d_t 是从出发点 s 到点 t 的最短路径长度；p_t 表示从 s 到 t 的最短路径中 t 点的前一个点。求解从某一出发点 s 到任一点 t 的考虑路网均衡的路径推荐算法的基本过程如图 6.9。

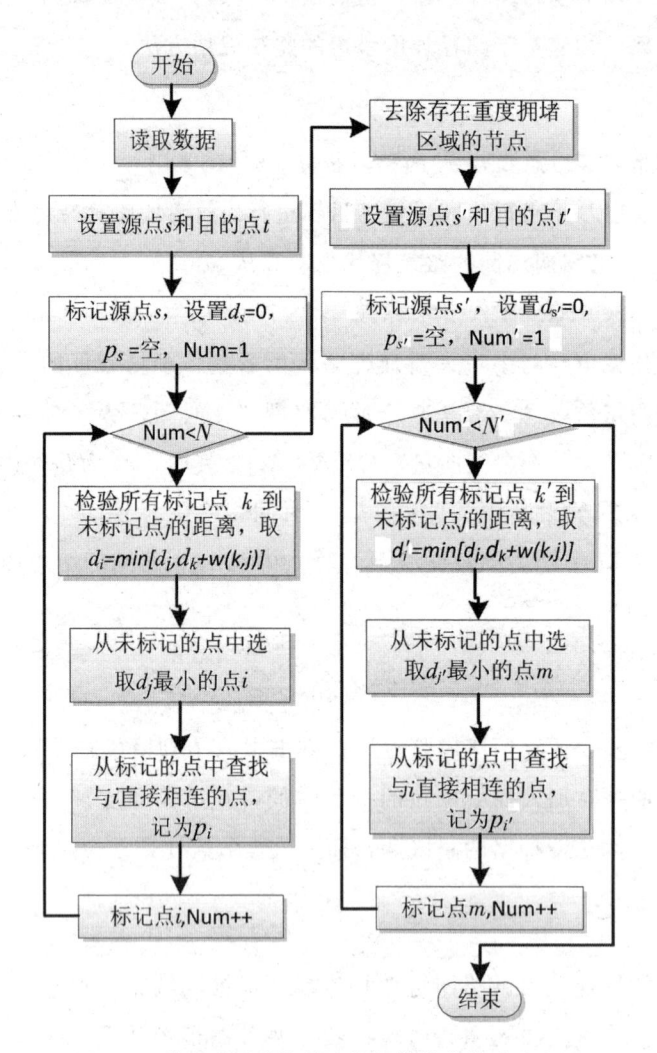

图 6.9 基于路网均衡的路径择优推荐算法流程图

算法具体如下：

第6章　面向三阶数据张量的路网时空需求预测及路径推荐算法

Step1：首先进行初始化，将出发点集设置为：$d_s=0$；p_s 为空；对于其他节点：$d_i=\infty$，p_i 为未定义，标记起点为 s，记 $k=s$，其他节点设为未标记。

Step2：检验从所有已标记的点 k 到其他直接连接的未标记的点 j 的距离，并设置为

$$d_j=\min[d_j,\ d_k+w(k,\ j)] \tag{6.22}$$

其中，$w(k,\ j)$ 表示从 k 到 j 的路径长度。

Step3：选取下一个节点。从所有未标记的点中选取最小的点 i，点 i 被选为最短路径中的一点，并设为已标记的点。

Step4：找到点 i 的前一点。从已经标记的点中，找到直接连接到点 i 的点，并标记为 p_i。如果所有的点已标记，则算法结束。否则，记 $k=i$，转到 2 继续，直至进行 39 次迭代，即可得到初始状态下，所选节点至其他节点的节点选择矩阵热力图和 39 轮从选定节点到每个节点的最小距离的矩阵热力图。

Step5：考虑对存在重度拥堵的区域进行避让，将路网中存在重度拥堵区域的节点剔除，重复步骤 Step1~Step4，根据 CRNE-RRA 算法，求得应急状态下，所选节点至其他节点的节点选择矩阵热力图和 39 轮从选定节点到每个节点的最小距离的矩阵热力图。

Step6：将拥堵风险系数加入重度拥堵路段的行程时间，重复步骤 Step1~Step4，根据 CRNE-RRA 求得所选节点至其他节点的节点选择矩阵热力图和 39 轮从选定节点到每个节点的最小距离的矩阵热力图。

6.3.3　路径选择推荐的实例应用分析

6.3.3.1　实例数据集

实验基于 Python 环境管理平台 Pycharm，运用于 Windows 操作系统，CPU 为 i5-9300H，显存为 8G，采用 Python3.7 代码编写。

本实验结合前面章节行程时间预测结果和城市路网 GIS-T 数据，实验包括 39 个路网节点，60 条边，利用 Arcgis 软件从原始交通数据中提取路网节点属性数据，如表 6.5 所示。

表 6.5 路网节点数据

节点	经度	纬度	节点	经度	纬度	节点	经度	纬度
1	118.755 2	30.938 03	14	118.746 9	30.946 24	27	118.716 7	30.958
2	118.766 8	30.938 12	15	118.745 5	30.949 51	28	118.739 2	30.962 81
3	118.768	30.943 96	16	118.750 4	30.951 05	29	118.743	30.963 08
4	118.751 1	30.943 02	17	118.730 7	30.938 19	30	118.737 5	30.949 06
5	118.778 8	30.950 51	18	118.725 8	30.939 95	31	118.776 7	30.940 45
6	118.737 1	30.941 49	19	118.740 2	30.971 67	32	118.727 8	30.968 81
7	118.750 7	30.939 67	20	118.735	30.962 81	33	118.775 1	30.932 07
8	118.744 8	30.942 37	21	118.738 2	30.954 44	34	118.781 1	30.935 87
9	118.747 8	30.942 58	22	118.743	30.954 96	35	118.779 8	30.944 44
10	118.754 9	30.943 04	23	118.731 1	30.950 98	36	118.784 4	30.951 15
11	118.762 5	30.943 47	24	118.732 6	30.942 33	37	118.740 9	30.978 7
12	118.754 8	30.947 42	25	118.773 1	30.933 39	38	118.742 9	30.958 91
13	118.750 6	30.946 15	26	118.767 7	30.932 51	39	118.736 8	30.946 88

根据图神经网络预测未来 12 个时段的行程时间结果，整理生成未来 15min 39 个节点组成的 60 个路段的初始行程时间邻接矩阵，将其以热力图的形式进行展示如图 6.10，可得路网中存在的路段的卡口点至卡口点对应的行程时间。

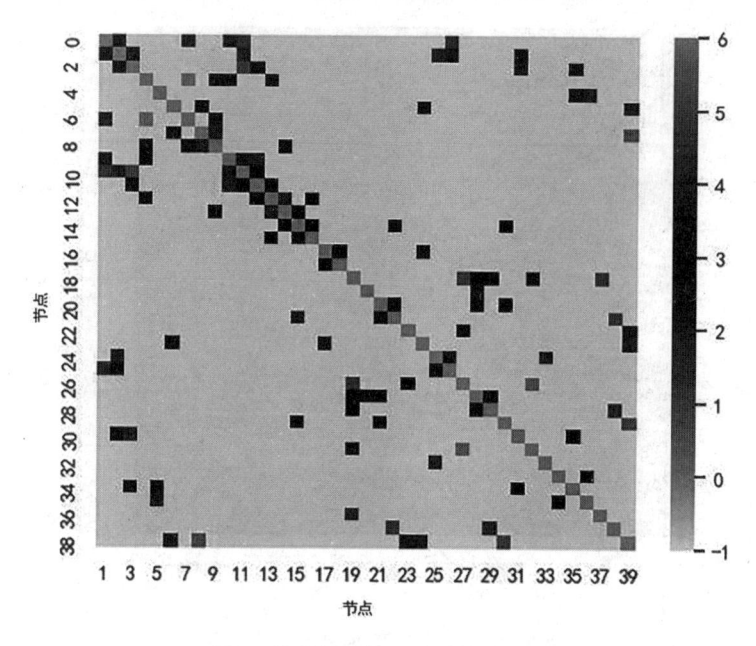

第6章 面向三阶数据张量的路网时空需求预测及路径推荐算法

图 6.10 初始行程时间邻接矩阵

6.3.3.2 弗洛伊德算法实验结果分析

Floyd-Warshall[85]给出了寻找给定加权图中任意两顶点之间最短路径的算法。根据需求可以将最优路径问题可分为距离最短和权重最小,其中,基于距离最短方法中可分为自由路径和限制路径。传统 Floyd 算法是解决任意两点之间的最短路径算法,可解决交通网络结构的最短路径问题。该算法的核心是通过局部最优求解全局最优,进行动态规划。首先寻找出目标 OD 的最短路径长度,然后记录下该长度的路径,即推荐的路线,多次重复该步骤,即可得推荐路径的时间矩阵和路由矩阵。

根据 DGCN 预测未来 5min 的行程时间数据,得初始状态下基于行程时间的路网邻接矩阵,两点之间的权重代表预测的路段行程时间,记为 $v(i, j)$。采用 Floyd 算法,传统 Floyd 算法依次遍历 $v(1, j)$ 和 $v(i, 1)$,比较 $v(1, j)$、$v(i, 1)$ 和 $v(i, j)$ 的大小,如果 $v(1, j)+v(i, 1) < v(i, j)$ 则进行替换,遍历矩阵 39 次,记录每一次的矩阵结果,最后得到的考虑最短行程时间条件下的路径邻接矩阵和对应的路由矩阵热力图如图 6.11 和 6.12 所示。

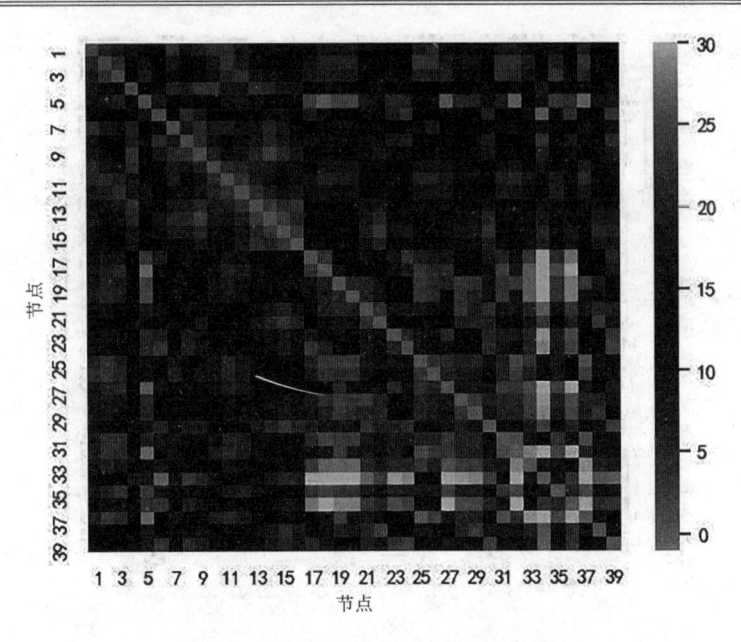

图 6.11 39 轮行程时间矩阵热力图

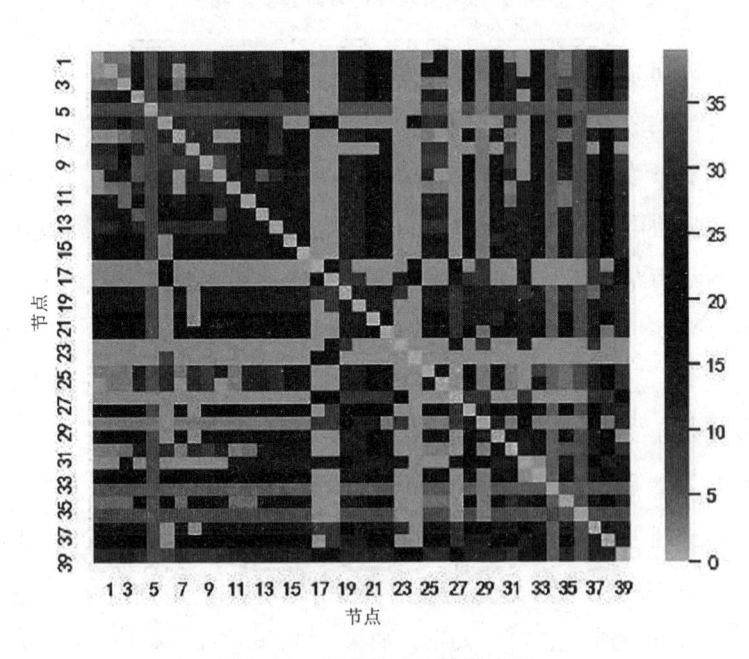

图 6.12 39 轮路由矩阵热力图

6.3.3.3 CRNE-RRA 算法实验结果分析

第6章 面向三阶数据张量的路网时空需求预测及路径推荐算法

将拥堵风险系数加入行程时间，即 $T_i\Phi$，构建路网初始行程时间矩阵，选取一个置定节点，进行行程时间邻接矩阵初始化，此时观察矩阵的第一行，它表示节点 v_1 到其他节点的距离，选择其中最小的一个，把 v_1 加入置定节点集，同时移出未置定节点集，并记录下 v_1 到 v_1 的距离 $w_1=0$；第二次迭代，还是根据第一行数据，但去掉第一列，找出其中最小的数，得 v_1 到其他节点的更新的距离；随后进行总共 39 次迭代，最后可得每一次迭代节点的选择情况和所选节点到每个节点的最小行程时间，如图 6.13 所示，39 轮从选定节点到每个节点的最小距离的矩阵热图，如图 6.14 所示。

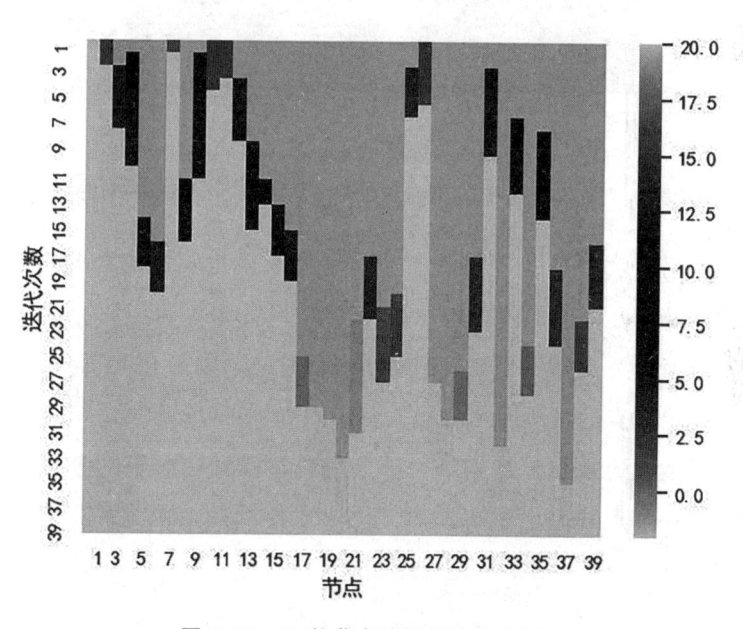

图 6.13 39 轮节点选择矩阵热力图

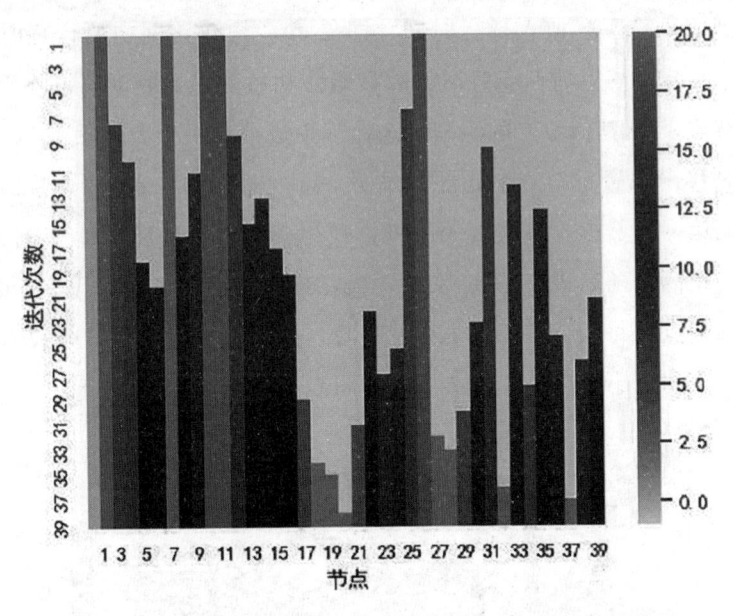

图 6.14　39 轮从选定节点到每个节点的最小距离的矩阵热图

同理，当路网中出现应急状态时，考虑将重度拥堵路段剔除的情况下，构建路网初始行程时间矩阵，行总共 39 次迭代，最后可得每一次迭代节点的选择情况和所选节点到每个节点的最小行程时间，如图 6.15 所示，39 轮从选定节点到每个节点的最小距离的矩阵热图，如图 6.16 所示。结合实际路网数据集中提供的点边数据，在剔除一部分包含重度拥堵区域的卡口点后，部分路径由于中间节点缺失，导致 39 轮节点选择矩阵热力图中部分节点在迭代后存在缺失。

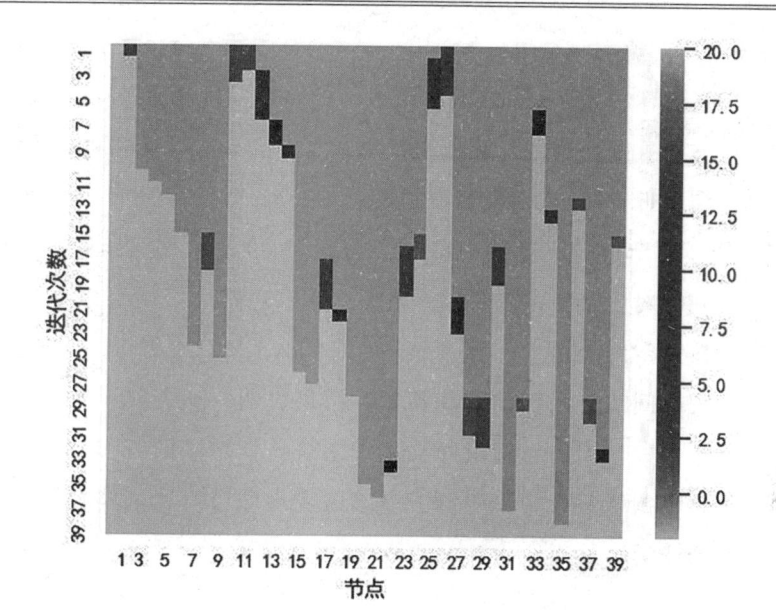

第6章 面向三阶数据张量的路网时空需求预测及路径推荐算法

图 6.15 39 轮节点选择矩阵热力图(紧急状态)

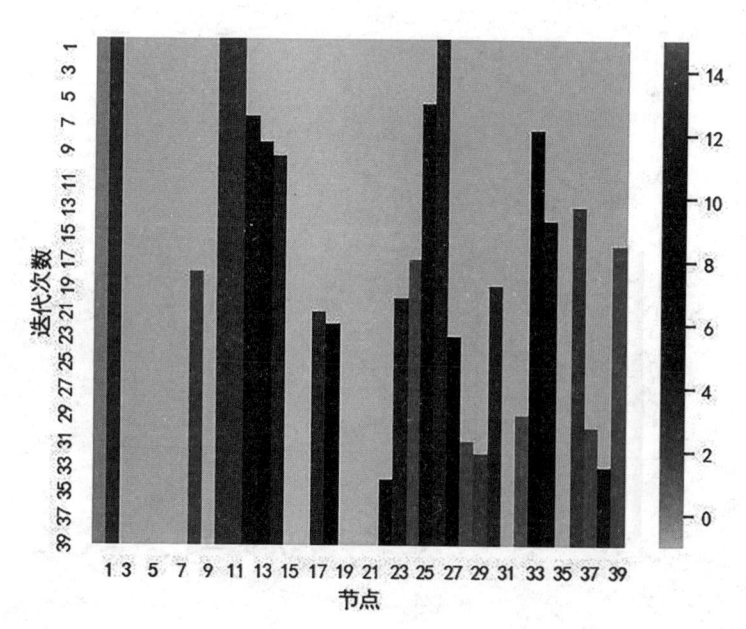

图 6.16 39 轮从选定节点到每个节点的最小距离的矩阵热图(紧急状态)

6.3.3.4 对比实验结果分析

对比 Floyd 算法和 CRNE-RRA 模型下的路径对比图如图 6.17 所示，其中，红色区域为重度拥堵区，蓝色路线 A1 为初始基于行程时间的最短路径，从敬亭湖公园附近卡口点 19 至档案局附近卡口点 1，从九州市场附近的卡口 11 至贝林智慧农贸市场附近的卡口 31，可由第 39 轮的邻接矩阵和路由矩阵得到所需时间和对应路径；并对绿色路线 B 和黄色路线 C 两组路径进行展示。将每条路径按选定的起止点，通过对比传统 Floyd 和 CRNE-RRA 模型，并比较路径、行程时间、路网拥堵均衡指数，结果表明，如表 6.6 所示，在对拥堵区进行避让后，车辆的行程时间会大于未避让拥堵区的行程时间，但是路网整体的拥堵均衡指数会得到下降，动态的实现城市交通的路径推荐，降低拥堵区的交通压力。

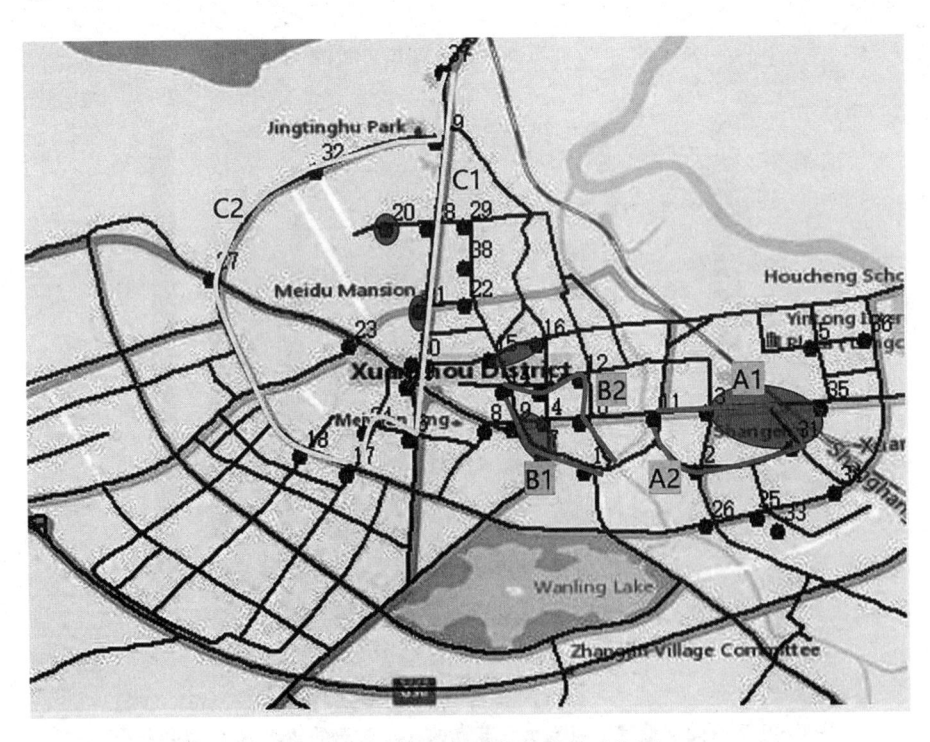

图 6.17 实例出行路径推荐的对比图

第6章 面向三阶数据张量的路网时空需求预测及路径推荐算法

表6.6 路径推荐结果比较表

起止点	算法	路径	行程时间/min 预测数据	行程时间/min 实际数据	路网拥堵均衡指数
11—31 （九州市场—贝林智慧农场超市）	Floyd	11—3—31(A1)	5.077	(8:23:30 —8:29:24) 5.9	0.7386
	CRNE-RRA (Emergency state)	11—2—31(A2)	5.2426		0.7167
	CRNE-RRA	11—3—31(A1)	7.1084		
2—14 （向阳新村—科学技术局）	Floyd	1—7—9—14(B1)	6.8654	(8:24:30 —8:31:41) 7.1833	0.8331 0.7386
	CRNE-RRA (Emergency state)	1—10—12—13—14 (B2)	11.4362		0.7242
	CRNE-RRA	1—7—9—14(B1)	8.7839		0.8110
37—17 （敬亭湖公园—万达广场）	Floyd	37—19—28—21—30—39—24—17(C1)	17.1470	(7:33:18 —7:50:12) 16.9	0.7386
	CRNE-RRA (Emergency state)	37—19—32—27—18—17(C2)	18.8180		0.7335
	CRNE-RRA	37—19—28—21—30—39—24—17(C1)	21.8401		0.7742

从交通管理层面考虑，考虑避让拥堵区的路网均衡的路径推荐是有针对的，从全局路网考量，针对所有参与者最优的一个可能，而不是个体。从全局因素和交通管理层面考虑，该方法可以提高全局利用率，使拥堵尽可能地分散在全局路网中，而不聚集于某几点中。结合表6.6的路径推荐对比表和图6.17中对应的推荐路径可得，基于对重度拥堵的区域进行避让，考虑路网均衡条件下的路径推荐方法中，在应急状态下路网整体的路网拥堵均衡指数在三条路径中整体比仅考虑路网均衡条件下低，最高可提高16.24%。

参考文献

[1] 张弘. 2017年全国机动车和驾驶人保持高位增长[N]. 人民公安报, 2018-01-16(04).

[2] 高德地图大数据. 2017中国主要城市交通分析报告[EB/OL]. (2018-01-18) [2020-05-09]. http://report.amap.com/share.do?id=8a38bb8660f9109101610835e79701bf.

[3] 高德地图大数据. 2018Q2中国主要城市交通分析报告[EB/OL]. (2018-07-18) [2020-05-09]. http://report.amap.com/share.do?id=8a38bb86644200330164b707a96a0a22.

[4] 太平洋安防网. 城市交通大数据行业发展现状剖析[EB/OL]. (2018-06-30)[2020-08-13]. https://toutiao.1688.com/article/1042953.htm.

[5] 滴滴大数据. 滴滴出行大数据绘制的中国400城24小时出行"热力图"[EB/OL]. (2017-12-30)[2020-08-13]. https://www.udparty.com/index.php/detail/orgdetails/?id=3926.

[6] Zhu N, Fu C, Ma S. Data-driven distributionally robust optimization approach for reliable travel-time-information-gain-oriented traffic sensor location model [J]. Transportation Research Part B-Methodological, 2018, 113: 91-120.

[7] Ruan Z, Miao Y, Pan L, et al. Big network traffic data visualization[J]. Multimedia Tools and Applications, 2018, 77(9): 11459-11487.

[8] 姜桂艳, 牛世峰, 李红伟. 动态交通数据质量评价方法研究[J]. 北京工业

大学学报，2011(08)：1190-1195.

[9] 牛世峰，姜桂艳. 交通数据质量宏观评价与控制方法[J]. 公路，2012(12)：119-123.

[10] Chen C. The freeway performance measurement system[D]. University of California, Berkeley., 2002.

[11] 李敏，刘晨，谯志. 云中心海量交通数据预处理技术概述与应用实例[J]. 公路交通技术，2015(05)：102-106.

[12] 裴玉龙，马骥. 实时交通数据的筛选与恢复研究[J]. 土木工程学报，2003(07)：78-83.

[13] 高宏岩. 融合移动信号流的高速公路交通拥挤预警与调控[D]. 青岛：山东科技大学，2011.

[14] 徐程，曲昭伟，陶鹏飞，等. 动态交通数据异常值的实时筛选与恢复方法[J]. 哈尔滨工程大学学报，2016(02)：211-217.

[15] Smith B L, Scherer W T, Conklin J H. Exploring imputation techniques for missing data in transportation management systems：Transportation Research Record, Washington, 2003 [C]. Transportation Research Board Natl Research Council.

[16] Vanajakshi L, Rilett L R. Loop detector data diagnostics based on conservation of vehicles principle[J]. Transportation Research Record，2004(1870)：162-169.

[17] 蒲世林，李瑞敏，史其信. 基于粗糙集-模糊识别技术的交通流状态识别算法研究[J]. 武汉理工大学学报(交通科学与工程版)，2010(06)：1154-1158.

[18] 钱坤. 基于数据智能的异常模式识别关键技术研究[D]. 北京：北京理工大学，2016.

[19] 章渺. 高速公路基本路段实时交通状态识别方法[D]. 西安：长安大学，2011.

[20] 徐艺文，徐宁彬，庄重文，等. 面向群智感知车联网的异常数据检测算法[J]. 湖南大学学报(自然科学版)，2017(08)：145-151.

[21] 刘喜梅,刘义芳,高林. 小样本道路旅行时间数据中的异常点剔除算法[J]. 青岛科技大学学报(自然科学版),2015(03):346-349.

[22] 杨文,贾学锋,马清. 基于周期相似性和lssvm的交通流量多步预测[J]. 青岛理工大学学报,2013(02):86-91.

[23] 赵伟. 基于soa-lssvm的短时交通流量预测[J]. 计算机与现代化,2015(06):27-31.

[24] 商强. 基于机器学习的交通状态判别与预测方法研究[D]. 长春:吉林大学,2017.

[25] 高丽梅,高鹏,陈俊波. 动态聚类的城市道路交通状态判别分析[J]. 道路交通与安全,2010(05):34-37.

[26] 李桂毅,胡明华,郑哲. 基于fcm-粗糙集的多扇区交通拥挤识别方法研究[J]. 交通运输系统工程与信息,2017(06):141-146.

[27] Duan Y, Lv Y, Liu Y, et al. An efficient realization of deep learning for traffic data imputation[J]. Transportation Research Part C:Emerging Technologies,2016,72:168-181.

[28] 陆明伟,尚宁,覃明贵,等. 一种基于曲线拟合异常检测的交通数据预处理方法[J]. 计算机研究与发展,2006(z3):631-635.

[29] 邓中伟. 面向交通服务的多源移动轨迹数据挖掘与多尺度居民活动的知识发现[D]. 上海:华东师范大学,2012.

[30] 张晓亮,陈智宏,刘冬梅,等. 一种基于多源数据的出租车分布预测方法研究[J]. 道路交通与安全,2015(01):47-51.

[31] Gold D L, Turner S, Gajewski B J. Imputing missing values in its data archives for intervals under 5 minutes:80th Annual Meeting of Transportation Research Board, Washington DC, USA, 2001[C]. National Academy of Science,2001.

[32] 李琦,姜桂艳. 城市快速路车辆检测器数据质量评价与控制方法[J]. 交通运输工程学报,2013(02):120-126.

[33] 张婧. 城市道路交通拥堵判别、疏导与仿真[D]. 南京:东南大学,2016.

[34] Huang G, Zhou M, Lv J. Investigation on comprehensive multi-point

gps-based traffic information treatment [J]. Journal of Engineering Science and Technology Review, 2013, 2(6): 95-99.

[35] Antoniou C, Balakrishna R, Koutsopoulos H N. A Synthesis of emerging data collection technologies and their impact on traffic management applications [J]. European Transport Research Review, 2011, 3(3): 139-148.

[36]朱国康, 王运锋. 基于多特征融合的道路交通标志检测[J]. 信号处理, 2011(10): 1616-1620.

[37]周强, 郑长江, 陈淑燕, 等. 基于决策融合的城市道路交通事件自动检测算法研究[J]. 交通信息与安全, 2011(03): 84-88.

[38]杨兆升, 王爽, 马道松. 基础交通信息融合方法综述[J]. 公路交通科技, 2006(03): 111-116.

[39]高学英. 城市道路路段行程时间估计及融合方法研究[D]. 长春: 吉林大学, 2009.

[40]周双全, 杨小文, 张建忠, 等. 浮动车数据和定点检测数据的融合算法研究[J]. 交通标准化, 2010(16): 117-122.

[41] Neumann T, Ebendt R, Kuhns G. From finance to its: Traffic data fusion based on Markowitz' portfolio theory [J]. Journal of Advanced Transportation, 2016, 50(2): 145-164.

[42] Gao G, Wang T Y. Estimate of traffic volume based on Kalman filtering theory under multi-sensors: 3rd International Conference on Service Systems and Service Management, Troyes, France, 2006[C]. IEEE.

[43] Gutierrez M, Zuluaga J, Kofuji S T. Kalman filter and arma filter as approach to multiple sensor data fusion problem: 47th International Carnahan Conference on Security Technology (ICCST), Medellin, Colombia, 2013[C]. IEEE.

[44]司迎利, 杨新宇, 陈勇, 等. 基于全局状态估计的多传感器加权数据融合算法[J]. 红外技术, 2014(05): 360-364.

[45]郭璘, 方廷健, 叶加圣, 等. 基于最小二乘支持向量机和证据理论的交通

数据融合[J]. 中国科学技术大学学报, 2007(12): 1500-1504.

[46] Xia J X, Zhang W H, Ma D S. An method to urban road travel time estimation through its data fusion based on D-S evidential theory: Applied Mechanics and MaterialsInternational Conference on Advanced Engineering Materials and Architecture Science (ICAEMAS), Xian, China, 2014[C]. Trans. Tech. Publications Ltd..

[47] 田佳霖. 基于 d-s 证据理论的融合算法及其在交通事件检测中的应用[D]. 西安: 长安大学, 2016.

[48] Kong Y G, Guo S Y. Urban traffic controller using fuzzy neural network and multisensors data fusion: IEEE International Conference on Information Acquisition, Shandong Univ, Weihai, China, 2006[C]. IEEE.

[49] Zhao J, Xu F, Zhang K, et al. Highway travel time prediction based on multi-source data fusion[J]. Jiaotong Yunshu Xitong Gongcheng Yu Xinxi/Journal of Transportation Systems Engineering and Information Technology, 2016, 16(1): 52-57.

[50] Zeng D, Xu J, Xu G. Data fusion for traffic incident detection using D-S evidence theory with probabilistic SVMs[J]. Journal of Computers, 2008, 3: 36-43.

[51] 杨宏晖, 王芸, 孙进才, 等. 融合样本选择与特征选择的 AdaBoost 支持向量机集成算法[J]. 西安交通大学学报, 2014(12): 63-68.

[52] Xu T, Sun L, Hao Y. Real-time traffic state estimation and travel time prediction on urban expressway[J]. Tongji Daxue Xuebao/Journal of Tongji University, 2008, 36(10): 1355-1361.

[53] Kong Q, Li Z, Chen Y, et al. An approach to Urban traffic state estimation by fusing multisource information[J]. IEEE Transactions On Intelligent Transportation Systems, 2009, 10(3): 499-511.

[54] Montero L, Pacheco M, Barcelo J, et al. Case study on cooperative car data for estimating traffic states in an urban network[J]. Transportation

Research Record, 2016, 2594: 127-137.

[55] 姜桂艳, 常安德, 牛世峰. 基于车牌识别数据的交通拥堵识别方法[J]. 哈尔滨工业大学学报, 2011(04): 131-135.

[56] 游黄阳. 基于车牌跟踪的交通运行状态评价及预测[D]. 广州: 华南理工大学, 2014.

[57] 杨飞. 基于手机定位的交通 od 数据获取技术[J]. 系统工程, 2007(01): 42-48.

[58] Friedrich M, Immisch K, Jehlicka P, et al. Generating Origin-Destination Matrices from Mobile Phone Trajectories[J]. 2010.

[59] Kramer M A, Eden U T, Cash S S, et al. Network inference with confidence from multivariate time series[J]. Physical Review E, 2009, 79: 6191661.

[60] Small M. Complex networks from time series: Capturing dynamics: IEEE International Symposium on Circuits and Systems, Beijing, China, 2013[C]. IEEE.

[61] Gao Z, Small M, Kurths J. Complex network analysis of time series[J]. Europhysics Letters, 2016, 116: 500015.

[62] Piccardi C, Calatroni L, Bertoni F. Clustering financial time series by network community analysis[J]. International Journal of Modern Physics C, 2011, 22(1): 35-50.

[63] Wang N, Li D, Wang Q. Visibility graph analysis on quarterly macroeconomic series of china based on complex network theory[J]. Physica A-Statistical Mechanics and its Applications, 2012, 391(24): 6543-6555.

[64] Gao Z, Cai Q, Yang Y, et al. Visibility graph from adaptive optimal kernel time-frequency representation for classification of epileptiform eeg [J]. International Journal of Neural Systems, 2017, 27: 17500054.

[65] Marwan N, Donges J F, Zou Y, et al. Complex network approach for recurrence analysis of time series[J]. Physics Letters a, 2009, 373(46):

4246-4254.

[66] Donner R V, Zou Y, Donges J F, et al. Ambiguities in recurrence-based complex network representations of time series[J]. Physical Review E, 2010, 81: 1510112.

[67] Nakamura T, Tanizawa T. Networks with time structure from time series[J]. Physica A-Statistical Mechanics and its Applications, 2012, 391(20): 4704-4710.

[68] Dong Y, Huang W, Liu Z, et al. Network analysis of time series under the constraint of fixed nearest neighbors[J]. Physica A-Statistical Mechanics and its Applications, 2013, 392(4): 967-973.

[69] Karimi S, Darooneh A H. Measuring persistence in a stationary time series using the complex network theory[J]. Physica A-Statistical Mechanics and its Applications, 2013, 392(1): 287-293.

[70] Zhang J, Small M. Complex network from pseudoperiodic time series: Topology versus dynamics[J]. Physical Review Letters, 2006, 96: 23870123.

[71] Zhang J, Sun J, Luo X, et al. Characterizing pseudoperiodic time series through the complex network approach[J]. Physica D-Nonlinear Phenomena, 2008, 237(22): 2856-2865.

[72] Lacasa L, Luque B, Ballesteros F, et al. From time series to complex networks: The visibility graph[J]. Proceedings of the National Academy of Sciences of the United States of America, 2008, 105(13): 4972-4975.

[73] Bezsudnov I V, Snarskii A A. From the time series to the complex networks: The parametric natural visibility graph[J]. Physica A-Statistical Mechanics and its Applications, 2014, 414: 53-60.

[74] Lacasa L, Nicosia V, Latora V. Network structure of multivariate time series[J]. Scientific Reports, 2015, 5: 15508.

[75] Lacasa L, Flanagan R. Time reversibility from visibility graphs of nonstationary processes[J]. Physical Review E, 2015, 92: 228172.

参考文献

[76] Lacasa L. Horizontal visibility graphs from integer sequences[J]. Journal of Physics A-Mathematical and Theoretical, 2016, 49: 31-35.

[77] Lacasa L, Iacovacci J. Visibility graphs of random scalar fields and spatial data[J]. Physical Review E, 2017, 96: 123181.

[78] Wang N, Li D, Wang Q. Visibility graph analysis on quarterly macroeconomic series of china based on complex network theory[J]. Physica A-Statistical Mechanics and its Applications, 2012, 391(24): 6543-6555.

[79] Stephen M, Gu C, Yang H. Visibility graph based time series analysis [J]. Plos One, 2015, 10: 14301511.

[80] Yan S J, Wang D L. Time series analysis based on visibility graph theory: 7th International Conference on Intelligent Human-Machine Systems and Cybernetics (IHMSC), Hangzhou, China, 2015 [C]. IEEE.

[81] Xu X, Zhang J, Small M. Superfamily phenomena and motifs of networks induced from time series[J]. Proceedings of the National Academy of Sciences of the United States of America, 2008, 105(50): 19601-19605.

[82] Tang J, Wang Y, Liu F. Characterizing traffic time series based on complex network theory[J]. Physica A-Statistical Mechanics and its Applications, 2013, 392(18): 4192-4201.

[83] Kim H S, Eykholt R, Salas J D. Nonlinear dynamics, delay times, and embedding windows[J]. Physica D, 1999, 127(1-2): 48-60.

[84] Gao Z, Jin N. Complex network from time series based on phase space reconstruction[J]. Chaos, 2009, 19(0331373).

[85] Gao Z K, Ji L C. Strength distribution in complex network for analyzing experimental two-phase flow signals: IEEE 5th International Conference on Advanced Computational Intelligence(ICACI), [C]Nanjing, China, 2012. IEEE.

[86] Capek K, Pitkanen J, Niittymaki J. Evaluating the impacts of its applications using microscopic traffic simulators[J]. Advances in Transportation Studies, 2011(25): 5-14.

[87] Venkatesan K, Gowri A, Tomer T, et al. Trajectory data and flow characteristics of mixed traffic[J]. Transportation Research Record, 2015, 2491(1).

[88] A A, T R, A I P. Traffic flow prediction for road transportation networks with limited traffic data[J]. IEEE Transactions On Intelligent Transportation Systems, 2015, 2(16): 653-662.

[89] Xing-chao W, Jian-ming H, Wei L, et al. Short-term travel flow prediction method based on FCM-clustering and ELM[J]. Journal of Central South University, 2017, 24(6): 1344-1350.

[90] Chan E Y C, Cooper C H V. Using road class as a replacement for predicted motorized traffic flow in spatial network models of cycling.[J]. Scientific Reports, 2019, 9(1): 19724.

[91] Ermagun A, Levinson D M, Anas A, et al. Development and application of the network weight matrix to predict traffic flow for congested and uncongested conditions[J]. Environment and Planning B: Urban Analytics and City Science, 2019, 46(9): 1684-1705.

[92] Lizong Z, Nawaf R A, Guangchun L, et al. A hybrid forecasting framework based on support vector regression with a modified genetic algorithm and a random forest for traffic flow prediction[J]. Tsinghua Science and Technology, 2018, 23(04): 479-492.

[93] Chuan L, Chi H, Jinde C, et al. Short-Term traffic flow prediction based on least square support vector machine with hybrid optimization algorithm[J]. Neural Processing Letters, 2019, 50(5): 2305-322.

[94] Duan Y J, Lv Y S, Liu Y L, et al. An efficient realization of deep learning for traffic data imputation[J]. Transportation Research Part C, 2016, 72(0): 168-181.

[95] Da Z, Mansur R K. Combining weather condition data to predict traffic flow: A GRU-based deep learning approach[J]. IET Intelligent Transport Systems, 2018, 12(7): 578-585.

[96] 彭勇, 周欣, 宋乾坤, 等. 基于emd-gru的高速公路行程时间组合预测模型[J]. 应用数学和力学, 2021, 42(04): 405-412.

[97] Chen L W, Chen D E. Exploring spatiotemporal mobilities of highway traffic flows for precise travel time estimation and prediction based on electronic toll collection data[J]. Vehicular Communications, 2021 (prepublish).

[98] 杨帅, 刘樟伟, 杨宇星等. 基于高快速路卡口数据的车辆出行特征分析[C]//中国城市规划学会城市交通规划学术委员会. 创新驱动与智慧发展——2018年中国城市交通规划年会论文集. 2018: 13.

[99] 田甜. 基于收费数据的高速公路出行特征分析及需求预测[D]. 重庆: 重庆交通大学, 2020.

[100] 赵坡. 城市快速路高峰期车辆出行特征及诱导分流研究[D]. 苏州: 苏州大学, 2021.

[101] 李岩, 张凯丽, 南斯睿等. 基于分布式出行信息的轨道交通出行特征辨识[J]. 交通信息与安全, 2018, 36(1): 7.

[102] 王莉. 城市轨道交通乘客出行特征与票价关联研究[D]. 广州: 华南理工大学, 2020.

[103] 冷彪, 赵文远. 基于客流数据的区域出行特征聚类[J]. 计算机研究与发展, 2014, 51(12): 2653-2662.

[104] 冯羽. 基于IC卡数据的城市公共自行车出行特征[J]. 城市公共交通, 2018, 236(02): 33-39.

[105] 苏文恒. 公交客流出行特征解析及预测方法研究[D]. 淄博: 山东理工大学, 2019.

[106] 梁泉, 翁剑成, 周伟等. 公交通勤个体出行特征图谱构建及相似性判别[J]. 重庆交通大学学报(自然科学版), 2020, 39(08): 6-13.

[107] 邱豪基. 基于IC卡与GPS数据的公交通勤出行特征提取研究[D]. 重

庆：重庆交通大学，2021.

[108] Ren Y, Jiang H, Liu R, et al. Analysis of the Spatiotemporal Evolution Characteristics of Travel Demand[M]//CICTP 2020. 2020: 436-447.

[109] 林亦南. 网约车出行特征分析与载客热点区域需求预测研究[D]. 成都：西南交通大学，2020.

[110] Xiaojuan W, Jinglin L, Quan Y, et al. Predicting Fine-Grained Traffic Conditions via Spatio-Temporal LSTM[J]. Wireless Communications and Mobile Computing，2019，2019.

[111] Dia H. An object-oriented neural network approach to short-term traffic forecasting[J]. European Journal of Operational Research，2001，131(2)：253-261.

[112] Liu Y, Wang Y, Yang X, Zhang L. Short-Term travel time prediction by deep learning: A comparison of different LSTM-DNN models[C]. 2017 IEEE 20th International Conference on Intelligent Transportation Systems，2017.

[113] Fang X, Huang J, Wang F, et al. ConSTGAT: Contextual Spatial-Temporal Graph Attention Network for Travel Time Estimation at Baidu Maps[C]. Proceedings of the 26th ACM SIGKDD International Conference on Knowledge Discovery & Data Mining，2020.

[114] Liu Y, Zheng H, Feng X, et al. Short-term traffic flow prediction with Conv-LSTM[C]. 2017 9th International Conference on Wireless Communications and Signal Processing，2017.

[115] 安鹏进. 注意力机制与图卷积方法融合的行程时间预测算法研究[D]. 哈尔滨：哈尔滨工业大学，2020.

[116] Yu B, Yin H, Zhu Z. Spatio-temporal graph convolutional networks: A deep learning framework for traffic forecasting[C]. Proceedings of the 27th International Joint Conference on Artificial Intelligence，2017.

[117] Chai D, Wang L, Yang Q. Bike flow prediction with multi-graph

convolutional networks [C]. Proceedings of the 26th ACM SIGSPATIAL international conference on advances in geographic information systems, 2018.

[118] Han Wang, Ren, et al. Predicting Station-Level Short-Term Passenger Flow in a Citywide Metro Network Using Spatiotemporal Graph Convolutional Neural Networks [J]. International Journal of Geo-Information, 2019, 8(6): 243-268.

[119] Geng X, Li Y, Wang L, et al. Spatiotemporal Multi-Graph Convolution Network for Ride-Hailing Demand Forecasting [C]. Proceedings of the AAAI Conference on Artificial Intelligence, 2019.

[120] Guo S, Lin Y, Feng N, et al. Attention Based Spatial-Temporal Graph Convolutional Networks for Traffic Flow Forecasting [C]. Proceedings of the AAAI Conference on Artificial Intelligence, 2019.

[121] Diao Z, Wang X, Zhang D, et al. Dynamic Spatial-Temporal Graph Convolutional Neural Networks for Traffic Forecasting[C]. Proceedings of the AAAI Conference on Artificial Intelligence, 2019.

[122] Zhao L, Song Y, Zhang C, et al. T-GCN: A Temporal Graph Convolutional Network for Traffic Prediction[J]. IEEE Transactions on Intelligent Transportation Systems, 2019, 2019(99): 1-11.

[123] Li F, Feng J, Yan H, et al. Dynamic Graph Convolutional Recurrent Network for Traffic Prediction: Benchmark and Solution [J]. IEEE Transactions on Intelligent Transportation System, 2021: 1-13.

[124] Yongchang L, Xuedong Y. Research on Traffic Zone Partition Method Based on Two-level Partition Theory[J]. In IOP Conference Series: Materials Science and Engineering, 2019, 688(2019), 22015-22022.

[125] Jing L and Qingnian Zh. Subdivision of Urban Traffic Area Based on the Combination of Static Zoning and Dynamic Zoning [J]. Discrete Dynamics in Nature and Society, 2021, 2021(9954267), 1-17.

[126] 马莹莹, 杨晓光, 曾滢. 基于谱方法的城市交通信号控制网络小区划分

方法[J]. 系统工程理论与实践, 2010, 30(12): 2290-2296.

[127]Lukas A, Allister L, Nan Z, et al. Approximative Network Partitioning for MFDs from Stationary Sensor Data[J]. Transportation Research Record, 2019, 2673(6): 94-103.

[128]卢守峰, 陶黎明, 江勇东. 连接性的路网划分算法[J]. 交通运输系统工程与信息, 2018, 18(05): 95-102.

[129]潘媛. 考虑子区划分和区间协调的干线绿波优化控制研究[D]. 北京: 北京交通大学, 2020.

[130]傅惠, 王叶飞, 陈赛飞. 面向宏观基本图的多模式交通路网分区算法[J]. 工业工程, 2020, 23(01): 1-9.

[131]林丹. 基于有权网络子区划分的区域交通协调控制研究[D]. 南京: 南京电学, 2017.

[132]罗晓霞, 王佳, 罗香玉等. 一种基于GN算法的动态图划分方法[J]. 计算机工程与科学, 2022, 44(02): 306-311.

[133]Ji Y X, Geroliminis N. On the Spatial Partitioning of Urban Transportation Networks [J]. Transportation Research Part B: Methodological, 2012, 46(10): 1639-1656.

[134]田秀娟, 于德新, 周户星等. 基于改进Newman算法的动态控制子区划分[J]. 浙江大学学报(工学版), 2019, 53(05): 950-956+980.

[135]李拓. 基于时空相似性的城市交通路网分区及速度预测研究[D]. 北京: 北京交通大学, 2019.

[136]Moayedi H Z, Masnadi-Shirazi M A. Arima model for network traffic prediction and anomaly detection[C]//2008 international symposium on information technology. IEEE, 2008, 4: 1-6.

[137]Sabry M, Abd-El-Latif H, Badra N. Comparison between regression and ARIMA models in forecasting traffic volume[J]. Australian journal of basic and applied sciences, 2007, 1(2): 126-136.

[138]朱中, 杨兆升. 基于卡尔曼滤波理论的实时行程时间预测模型[J]. 系统工程理论与实践, 1999(09): 74-78.

[139] Milenkovic M, Bojovic N, Macura D, et al. Kalman filtering applied to forecasting the demand for railway passenger services[C]// International Conference on Transport Science. 2013, 6: 240-250.

[140] 袁磊, 梁丁文, 蔡之华, 等. 基于正交差分演化无迹卡尔曼滤波的短时交通流量预测算法[J]. 计算机应用, 2015, 35(11): 3151-3156.

[141] Ke J, Yang H, Zheng H, et al. Hexagon-based convolutional neural network for supply-demand forecasting of ride-sourcing services[J]. IEEE Transactions on Intelligent Transportation Systems, 2018, 20(11): 4160-4173.

[142] Wang D, Cao W, Li J, et al. DeepSD: Supply-demand prediction for online car-hailing services using deep neural networks[C]//2017 IEEE 33rd international conference on data engineering (ICDE). IEEE, 2017: 243-254.

[143] Zhang K, Feng Z, Chen S, et al. A framework for passengers demand prediction and recommendation[C]//2016 IEEE International Conference on Services Computing (SCC). IEEE, 2016: 340-347.

[144] Chen Y, Lv Y, Li Z, et al. Long short-term memory model for traffic congestion prediction with online open data[C]//2016 IEEE 19th International Conference on Intelligent Transportation Systems (ITSC). IEEE, 2016: 132-137.

[145] Zhao Z, Chen W, Wu X, et al. LSTM network: a deep learning approach for short-term traffic forecast[J]. IET Intelligent Transport Systems, 2017, 11(2): 68-75.

[146] 孙立山, 贾琳, 魏中华, 等. 基于GPS数据的出租车出行需求预测研究[J]. 交通信息与安全, 2021, 39(05): 128-136.

[147] 于瑞云, 林福郁, 高宁蔚, 等. 基于可变形卷积时空网络的乘车需求预测模型[J]. 软件学报, 2021, 32(12): 3839-3851.

[148] 段宗涛, 张凯, 杨云, 等. 基于深度CNN-LSTM-ResNet组合模型的出租车需求预测[J]. 交通运输系统工程与信息, 2018, 18(04): 215-223.

[149]熊文磊，王升，张文波，等. 基于时空特征提取和深度学习的出行需求预测模型[J]. 武汉理工大学学报，2021，43(02)：35-41+64.

[150] Shu P, Sun Y, Zhao Y, et al. Spatial-Temporal Taxi Demand Prediction Using LSTM-CNN[C]// 16th International Conference on Automation Science and Engineering. Hong Kong, China：IEEE, 2020：1226-1230.

[151]Lv J, Sun Q, Li Q, et al. Multi-Scale and Multi-Scope Convolutional Neural Networks for Destination Prediction of Trajectories[J]. IEEE Transactions on Intelligent Transportation Systems，2020，21（8）：3184-3195.

[152]郑永玲. 面向移动轨迹大数据的寻找乘客预测与载客路径推荐研究[D]. 贵阳：贵州民族大学，2021.

[153]王飞. 基于道路行程时间预测的最优路径的研究与应用[D]. 杭州：浙江工业大学，2020.

[154]Bartlett Z, Han L, Nguyen T T, Johnson P. A Novel Online Dynamic Temporal Context Neural Network Framework for the Prediction of Road Traffic Flow[J]. IEEE Access, 2019, 7, 153533-153541.

[155] Lee K, Jiang Y, Ceder A A. Path-oriented Synchronized Transit Scheduling using Time-dependent Data[J]. Transportation Research Part C：Emerging Technologies 2022，136，103505-103529.

[156]Wang Z Z, Wang S Q. Real-Time Dynamic Route Optimization Based on Predictive Control Principle [J]. IEEE Access, 2022, 10, 55062-55072.

[157] Shen L, Wang, F.; Chen, Y.; Lv, X.; Wen, Z. A Reliability-Based Stochastic Traffic Assignment Model for Signalized Traffic Network with Consideration of Link Travel Time Correlations[J]. Sustainability, 2022, 14, 14520-14538.

[158]Song X, Yang Z, Wang T, Li C, Zhang Y, Chen G. Dynamic Traffic Assignment Model Based on GPS Data and Point of Interest (POI) in

Shanghai[J]. Sensors, 2021, 21, 7341.

[159] Chai G, Cao J, Huang W, Guo J. Optimized traffic emergency resource scheduling using time varying rescue route travel time[J]. Neurocomputing, 2018, 275, 1567-1575.

[160] Zhou Y, Huang N. Airport AGV Path Optimization Model Based on Ant Colony Algorithm to Optimize Dijkstra Algorithm in Urban Systems[J]. Sustainable Computing: Informatics and Systems, 2022, 35, 100716.

[161] Zhao J D, Duan X. H, Song S X. A novel particle swarm optimization algorithm for solving the shortest path problem in highway network[J]. Advances in Transportation Studies-An International Journal, 2015, 2, 97-106.

[162] Wang C, Hai H, Qiu J, Qu J F, Yin L H. ASNN-FRR: A traffic-aware neural network for fastest route recommendation [J]. GeoInformatica, 2021, 1-12.

[163] Zhao J D, Guo Y J, Duan X H. Dynamic Path Planning of Emergency Vehicles Based on Travel Time Prediction[J]. Journal of Advanced Transportation, 2017, 9184891.

[164] Chen B B, Li Q Q. Finding the k Reliable Shortest Paths Under Travel Time Uncertainty[J]. Transportation Research Part B: Methodological, 2016, 94, 189-203.

[165] Yang L X, Zhou X S. Optimizing On-time Arrival Probability and Percentile Travel Time for Elementary Path Finding in Time-dependent Transportation Networks: Linear Mixed Integer Programming Reformulations[J]. Transportation Research Part B: Methodological, 2017, 96, 68-91.

[166] Zhang Y S, Y E J, Zheng K N, Xu H. Metro Passenger's Path Choice Model Estimation With Travel Time Correlations Derived From Smart Card Data[J]. Transportation Planning and Technology, 2020, 43,

141-157.

[167] Zhi L P, Zhou X Z, Zhao J. Vehicle Routing for Dynamic Road Network Based on Travel Time Reliability[J]. IEEE ACCESS, 2020, 8, 190596- 190604.

[168] Shen J W, Ban Y F. Route Choice of the Shortest Travel Time Based on Floating Car Data[J]. Journal of Sensors, 2016, 7041653-7041664.

[169] Wang D, Liao F X, Gao Z Y, Timmermans H. A Generalized Mean-variance Metric of Route Choice Model Under Travel Time Uncertainty [J]. Transportmetrica A Transport Science, 2020, 18(2), 299-323.

[170] Li Q P, Tu W, Zhou L. Reliable Rescue Routing Optimization for Urban Emergency Logistics under Travel Time Uncertainty [J]. International Journal of Geo-Information, 2018, 7(2), 77-98.

[171] Sun T N, Zhao K, Zhang Z, Chen M, Yu, X. H. PR-LTTE: Link Travel Time Estimation Based on Path Recovery From Large-scale Incomplete Trip Data [J]. ScienceDirect Information Sciences, 2021, 589, 34-45.

[172] 黄佩蓓, 刘妙龙. 基于gis的城市交通网络分形特征研究[J]. 同济大学学报(自然科学版), 2002(11): 1370-1374.

[173] 刘妙龙, 黄蓓佩. 上海大都市交通网络分形的时空特征演变研究[J]. 地理科学, 2004(02): 144-149.

[174] Zhang Y, Wang X, Zeng P, et al. Centrality characteristics of road network patterns of traffic analysis zones[J]. 2011.

[175] 段滢滢, 陆锋. 基于道路结构特征识别的城市交通状态空间自相关分析[J]. 地球信息科学学报, 2012(06): 768-774.

[176] Zou H, Yue Y, Li Q. Urban traffic state explained by road networks and spatial variance approach using floating car data[J]. Transportation Research Record, 2014(2467): 40-48.

[177] 田钊. 道路交通网络结构特征分析方法及典型点段优化[D]. 北京: 北京交通大学, 2016.

[178] 辛飞飞，陈小鸿，林航飞. 浮动车数据路网时空分布特征研究[J]. 中国公路学报，2008(04)：105-110.

[179] Sharma N，Arkatkar S S，Sarkar A K. Study on heterogeneous traffic flow characteristics of a two-lane road[J]. 2011.

[180] Gao S，Wang Y，Gao Y，et al. Understanding urban traffic-flow characteristics：A rethinking of betweenness centrality[J]. 2013.

[181] Wang L，Chen H，Li Y. Transition characteristic analysis of traffic evolution process for urban traffic network[J]. 2014.

[182] 张勇，李诗高. 交通流突变点的无标度特征分析[J]. 物理学报，2014(24)：134-139.

[183] Kanagaraj V，Asaithambi G，Toledo T，et al. Trajectory data and flow characteristics of mixed traffic[J]. 2015.

[184] 何兆成，周亚强，余志. 基于数据可视化的区域交通状态特征评价方法[J]. 交通运输工程学报，2016(01)：133-140.

[185] Xia J，Huang W，Guo J. A clustering approach to online freeway traffic state identification using its data[J]. Ksce Journal of Civil Engineering，2012，16(3)：426-432.

[186] Bi J，Chang C，Fan Y. Particle filter for estimating freeway traffic state in beijing[J]. Mathematical Problems in Engineering，2013(382042).

[187] Wang X，Hu J，Liang W，et al. Short-term travel flow prediction method based on FCM-clustering and ELM[J]. Journal of Central South University，2017，24(6)：1344-1350.

[188] Zhang L，Alharbe N R，Luo G，et al. A hybrid forecasting framework based on support vector regression with a modified genetic algorithm and a random forest for traffic flow prediction[J]. Tsinghua Science and Technology，2018，23(4)：479-492.

[189] Han Y，Moutarde F. Statistical traffic state analysis in large-scale transportation networks using locality-preserving non-negative matrix

factorisation[J]. Iet Intelligent Transport Systems, 2013, 7(3): 283-295.

[190] Abadi A, Rajabioun T, Ioannou P A. Traffic flow prediction for road transportation networks with limited traffic data[J]. Ieee Transactions On Intelligent Transportation Systems, 2015, 16(2): 653-662.

[191] Parter M, Kashtan N, Alon U. Environmental variability and modularity of bacterial metabolic networks[J]. Bmc Evolutionary Biology, 2007, 7(169).

[192] Orth J D, Thiele I, Palsson B O. What is flux balance analysis[J]. Nature Biotechnology, 2010, 28(3): 245-248.

[193] Xinyu C, Zhaocheng H, Jiawei W. Spatial-temporal traffic speed patterns discovery and incomplete data recovery via SVD-combined tensor decomposition[J]. Transportation Research Part C, 2018, 86.

[194] J. H D M G, A. Y K, G. F. Traffic data imputation via tensor completion based on soft thresholding of Tucker core [J]. Transportation Research Part C, 2017, 85.

[195] Hiroyuki K, Wolfgang K, Martin K. Network volume anomaly detection and identification in Large-Scale networks based on online Time-Structured traffic tensor tracking.[J]. IEEE Trans. Network and Service Management, 2016, 13(3).

[196] Xinyu C, Zhaocheng H, Yixian C, et al. Missing traffic data imputation and pattern discovery with a Bayesian augmented tensor factorization model[J]. Transportation Research Part C, 2019, 104.

[197] Xinyu C, Zhaocheng H, Lijun S. A Bayesian tensor decomposition approach for spatiotemporal traffic data imputation[J]. Transportation Research Part C, 2019, 98.

[198] Senyan Y, Jianping W, Yanyan X, et al. Revealing heterogeneous spatiotemporal traffic flow patterns of urban road network via tensor decomposition-based clustering approach[J]. Physica a: Statistical

Mechanics and its Applications, 2019, 526.

[199] Sheffi. Urban transportation networks[M]. Englewood Cliffs, N. J.: Prentice-Hall, 1984.

[200] 徐东伟. 道路交通状态多维多粒度获取方法研究[D]. 北京交通大学, 2014.

[201] Burez J, Van den Poel D. Handling class imbalance in customer churn prediction[J]. Expert Systems with Applications, 2009, 36(31): 4626-4636.

[202] Kim T, Chung B D, Lee J. Incorporating receiver operating characteristics into naive bayes for unbalanced data classification[J]. Computing, 2017, 99(3): 203-218.

[203] Jiang Y. Selective ensemble learning algorithm: International Conference on Electrical and Control Engineering, 2010[C]. IEEE Computer Society, 2010.

[204] Bonaccorso Giuseppe. 机器学习算法[M]. 北京: 机械工业出版社, 2018.

[205] 周志华. 机器学习[M]. 北京: 清华大学出版社, 2016.

[206] 曹正凤. 随机森林算法优化研究[D]. 北京: 首都经济贸易大学, 2014.

[207] 姚登举, 杨静, 詹晓娟. 基于随机森林的特征选择算法[J]. 吉林大学学报(工学版), 2014, 44(01): 137-141.

[208] Paul A, Mukherjee D P, Das P, et al. Improved random forest for classification[J]. Ieee Transactions On Image Processing, 2018, 27(8): 4012-4024.

[209] Denisko D, Hoffman M M. Classification and interaction in random forests[J]. Proceedings of the National Academy of Sciences of the United States of America, 2018, 115(8): 1690-1692.

[210] Mellor A, Haywood A, Stone C, et al. The performance of random forests in an operational setting for large area sclerophyll forest classification[J]. Remote Sensing, 2013, 5(6): 2838-2856.

[211]Agjee N H, Mutanga O, Peerbhay K, et al. The impact of simulated spectral noise on random forest and oblique random forest classification performance[J]. Journal of Spectroscopy, 2018, 2018: 8316918.

[212]Maruf S, Javed K, Babri H A. Improving text classification performance with random forests-based feature selection[J]. Arabian Journal for Science and Engineering, 2016, 41(3): 951-964.

[213]Ensieh S, Reza B. Instance-Based Cost-Sensitive boosting [J]. International Journal of Pattern Recognition and Artificial Intelligence, 2020, 34(03).

[214]Masnadi-Shirazi H, Vasconcelos N. Cost-sensitive boosting.[J]. IEEE Transactions On Pattern Analysis and Machine Intelligence, 2011, 33(2).

[215]Bachmann C, Abdulhai B, Roorda M J, et al. Multisensor data integration and fusion in traffic operations and management[J]. Transportation Research Record, 2012(2308): 27-36.

[216]Chow A, Tsapakis I, Tanaksaranond G, et al. Urban traffic data fusion: 17th International Conference of Hong Kong Society for Transportation Studies (HKSTS), Hong Kong, 2012[C]. Hong Kong Soc Transportation Studies Ltd.

[217]Cipriani E, Gori S, Mannini L. Traffic state estimation based on data fusion techniques: 15th International IEEE Conference on Intelligent Transportation Systems, Anchorage, AK, 2012[C]. IEEE.

[218]Grewal L, Mohinder S. Kalman filtering: Theory and practice using MATLAB[M]. 刘郁林, 陈绍荣, 徐舜译, 译. 北京: 电子工业出版社, 2017.

[219]付梦印, 邓志红, 闫莉萍. Kalman 滤波理论及其在导航系统中的应用[M]. 北京: 科学出版社, 2010.

[220]Wang S, Gu Q. Design and experiment for generalized federated filters[J]. Qinghua Daxue Xuebao/Journal of Tsinghua University, 2005, 45

(8): 1028-1031.

[221] Rong J, Qiu K, Huang S. An improved federated filtering algorithm and its application[J]. Chinese Journal of Sensors and Actuators, 2006, 19(2): 497-500.

[222] Tang J, Wang Y, Wang H, et al. Dynamic analysis of traffic time series at different temporal scales: A complex networks approach[J]. Physica A-Statistical Mechanics and its Applications, 2014, 405: 303-315.

[223] Yan Y, Zhang S, Tang J, et al. Understanding characteristics in multivariate traffic flow time series from complex network structure[J]. Physica A-Statistical Mechanics and its Applications, 2017, 477: 149-160.

[224] Bao J, Chen W, Shui Y S, et al. Complexity analysis of traffic time series based on multifractality and complex network: 4th International Conference on Transportation Information and Safety, Banff, Canada, 2017[C]. IEEE, AUG 08-10, 2017.

[225] Xu X, Zhang J, Small M. Superfamily phenomena and motifs of networks induced from time series[J]. Proceedings of the National Academy of Sciences of the United States of America, 2008, 105(50): 19601-19605.

[226] Crutchfield J P, Farmer J D, Shaw R S, et al. Geometry from a time series[J]. Physical Review Letters, 1980, 45(9): 712-716.

[227] Albano A M, Mees A I, Rapp P E, et al. Mutual information, strange attractors, and the optimal estimation of dimension[J]. Physical Review a, 1992, 45(10): 7058-7064.

[228] Kim H S, Eykholt R, Salas J D. Nonlinear dynamics, delay times, and embedding windows[J]. Physica D, 1999, 127(1-2): 48-60.

[229] Cai W, Qin Y, Yang B. Determination of phase-space reconstruction parameters of chaotic time series[J]. Kybernetika, 2008, 44(4):

557-570.

[230] Gao Z, Jin N. Complex network from time series based on phase space reconstruction[J]. 2009.

[231] Walker D M, Tufillaro N B. Phase space reconstruction using input-output time series data[J]. Physical Review E, 1999, 60 (4A): 4008-4013.

[232] Sheng W, Liu X. A genetic k-medoids clustering algorithm[J]. Journal of Heuristics, 2006, 12(6): 447-466.

[233] Park H, Jun C. A simple and fast algorithm for K-medoids clustering[J]. Expert Systems with Applications, 2009, 36(2): 3336-3341.

[234] Narayana G S, Vasumathi D. An attributes similarity-based k-medoids clustering technique in data mining[J]. Arabian Journal for Science and Engineering, 2018, 43(8SI): 3979-3992.

[235] Yu D, Liu G, Guo M, et al. An improved K-medoids algorithm based on step increasing and optimizing medoids[J]. Expert Systems with Applications, 2018, 92: 464-473.

[236] 翁剑成, 刘力力, 杜博. 基于etc电子收费数据的信息提取技术研究[J]. 交通运输系统工程与信息, 2010, 10(02): 57-63.

[237] 张喜平. 城市复杂交通网络级联动力学与路段重要性评估研究[D]. 成都: 西南交通大学, 2014.

[238] 肖卫东, 谭文堂, 葛斌, 等. 网络节点重要度的快速评估方法[J]. 系统工程理论与实践, 2013, 33(07): 1898-1904.

[239] 刘建国, 任卓明, 郭强, 等. 复杂网络中节点重要性排序的研究进展[J]. 物理学报, 2013, 62(17): 9-18.

[240] 王甲生, 吴晓平, 廖巍, 等. 改进的加权复杂网络节点重要度评估方法[J]. 计算机工程, 2012, 38(10): 74-76.

[241] 李鹏翔, 任玉晴, 席酉民. 网络节点(集)重要性的一种度量指标[J]. 系统工程, 2004(04): 13-20.

[242] 谭跃进, 吴俊, 邓宏钟. 复杂网络中节点重要度评估的节点收缩方法

[J]. 系统工程理论与实践，2006(11)：79-83.

[243] 王元，郑贵省，王鹏. 融合交通特性节点度和 lish 模型的公路网关键节点辨识方法[J]. 公路交通科技，2015，32(10)：120-123.

[244] 王正武，况爱武，王贺杰. 考虑级联失效的交通网络节点重要度测算[J]. 公路交通科技，2012，29(05)：96-101.

[245] 陈涛. 基于系统科学理论的城市道路交通拥挤预测与控制模型研究[D]. 南京：东南大学，2005.

[246] Diestel. Graph theory[M]. Heidelberg：Springer，2010.

[247] Sybil D，Christopher K. The complexity and robustness of metro networks[J]. Physica a：Statistical Mechanics and its Applications，2010，389(17).

[248] Zhao Y，Zhou X. K-means clustering algorithm and its improvement research[J]. Journal of Physics：Conference Series，2021，1873(1).

[249] 洪增林，刘冰砚，张亚培. 复杂网络在交通网络节点重要度评估中的应用[J]. 西安工业大学学报，2014，34(05)：404-410.

[250] 王海燕. 基于复杂网络的城市轨道交通网络形态分析[D]. 北京：北京交通大学，2014.

[251] Goodfellow I，Bengio Y，Courville A. Deep learning[M]. Cambridge，Massachusetts：MIT Press，2016.

[252] Ohlsson S. Deep learning[M]. New York：Cambridge University Press，2011.

[253] 邴其春. 城市快速路交通状态评估与预测关键技术研究[D]. 长春：吉林大学，2016.

[254] 焦李成，赵进，杨淑媛，等. 深度学习、优化与识别[M]. 北京：清华大学出版社，2017.

[255] Chung J，Gulcehre C，Cho K H，et al. Empirical Evaluation of Gated Recurrent Neural Networks on Sequence Modeling［J］. Eprint Arxiv，2014.

[256] Cho K，Merrienboer B V，Bahdanau D，et al. On the properties of

neural machine translation: Encoder-Decoder approaches[J]. Computer Science, 2014.

[257] Mopuri K R, Garg U, Babu R V. CNN fixations: An unraveling approach to visualize the discriminative image regions [J]. Ieee Transactions On Image Processing, 2019, 28(5): 2116-2125.

[258] 雷宁, 张光德, 陈玲娟. 基于改进模糊聚类算法的快速路交通状态分类评价[J]. 公路, 2017, 62(11): 134-139.

[259] 商强, 林赐云, 杨兆升, 等. 基于谱聚类与 rs-knn 的城市快速路交通状态判别[J]. 华南理工大学学报(自然科学版), 2017, 45(06): 52-58.

[260] 于荣, 王国祥, 郑继媛, 等. 基于支持向量机的城市道路交通状态模式识别研究[J]. 交通运输系统工程与信息, 2013, 13(01): 130-136.